Für meine Mutter,
die uns immer Geschichten
‚von früher‘
erzählt hat.

Marianne Mehring
1930-2020

Stippvisiten bei Fritzi

Bochum in der Biedermeierzeit

Aufgeschrieben und gezeichnet von
Carola Mehring

Was wäre, wenn...

Schon oft haben sich Menschen ausgedacht, was wohl wäre, wenn sie in einer anderen Zeit leben könnten. Doch meistens sind es Reisen in die Zukunft.
Was wäre aber, wenn man in die Vergangenheit reisen könnte?
Was wäre, wenn du Fritzi besuchen könntest – Fritzi, die im Jahr 1825 gerade 10 Jahre alt war und in Bochum lebte?

Wäre es vielleicht so?

Es ist Juli.

Schon morgens ist es drückend warm und schwül.
Eigentlich wollten deine Mama und du den Schrank
auf dem Dachboden aufräumen, doch so rechte Lust
hat bei diesem Wetter keiner. Auf dem Dachboden
ist die Luft noch schlechter als in der Wohnung.
Mama öffnet den großen, alten Schrank, den ihr
Uropa, der Schreiner war, selbst hergestellt hat.
Schön ist er nicht mehr, er hat zu viel für einen
Schrank mitgemacht: Umzüge, Auslagerung im
Krieg, Standorte auf dem Dachboden und im Keller,
nein, ein Schmuckstück ist es nicht.

Knatschend öffnet sich der rechte Türflügel, dann
der linke. Als erstes zieht deine Mama eine Kiste
mit alten Stoffresten aus dem obersten Fach.
„Lumpensammlung", sagt sie kurz angebunden. In
der nächsten großen Tüte sind alte Kopfkissen.
„Die kommen jetzt auch weg", bestimmt Mama. So
geht es weiter, Fach für Fach leert sich.

Da fällt euch eine alte Blechdose in die Hände, die
angefüllt ist mit Bildern, die die Uroma verwahrt
hat. Neugierig blättert ihr die bräunlichen Fotos,
die vergilbten Zeitungsausschnitte, die Totenzettel
und alte Postkarten durch.

„Komm", sagt Mama, „das Aufräumen verschieben wir, wir gucken uns die alten Bilder an! Das interessiert mich jetzt mehr als ein unordentlicher Schrank auf dem Dachboden!"

Sie schließt energisch die alten Schranktüren, schnappt sich die Dose und geht nach unten. Erleichtert flitzt du hinterher. Gott sei Dank, weg aus dieser tropischen Hitze! Im Wohnzimmer öffnet deine Mama vorsichtig die Dose und breitet die ganze Herrlichkeit aus. Dir fällt sofort ein kleiner Scherenschnitt ins Auge. Der Kopf eines etwa 10-jährigen Mädchens ist im Profil zu sehen, das Kind hatte eine lustige Stupsnase.

„Das Bild muss von circa 1830 sein, damals gab es noch keine Fotografien. Und Scherenschnitte waren auch für einfache Leute eine Möglichkeit, Bilder von ihren Kindern zu haben. Ich glaube, das war die Schwester deines Urururururopas – wenn mich nicht alles täuscht!

Hinten steht noch der Name drauf, aber leider kein Datum. Sie hieß Friederike, genannt ‚Fritzi'."

Ihr beiden schaut euch das lustige Kindergesicht an, und jeder hängt seinen Gedanken nach.

Da klingelt auf einmal das Telefon. Mama sucht mal wieder den Apparat, doch dann freut sie sich, dass ihre Freundin anruft. Na, das kann dauern!
Du beguckst dir weiter den Scherenschnitt.

7

Auf einmal meinst du, dass das Kind sich bewegt hat! Du bist dir ganz sicher, Fritzi **hat** sich bewegt! Jetzt hörst du auch ihre Flüsterstimme:

„Komm!

Komm mit mir!

*Komm in **mein** Bochum!*

*Ich zeige dir **meine** Welt!"*

Es rauscht kurz in deinem Kopf, die Farben und Formen des Wohnzimmers vermischen sich...

......und du sitzt in einer **Postkutsche**, die nach Bochum fährt!

1. Stippvisite

Aufgeregt wartet Fritzi vorm Haus auf die Postkutsche, die aus Düsseldorf kommt. Für sie bist du das Kind einer Großkusine, das die Bochumer Familie noch nie gesehen hat. Die Mutter hat Fritzi fein herausgeputzt, auf das Kind aus der vornehmen Stadt, die eine Kunst-Akademie und eine Stadt-Sparkasse hat und außerdem Sitz der Rheinischen Provinzialstände ist, wollen die Bochumer einen guten Eindruck machen. Endlich hört Fritzi in der Ferne das Posthorn erschallen. Sie rennt los, sie hat es nicht weit bis zur Haltestelle am Markt.
Fünf Minuten später klappern die Hufe der Pferde über das holperige Pflaster, die Pferde bleiben an der vorgesehenen Stelle stehen. Die Tür der Kutsche wird geöffnet, und **du** steigst heraus. Dir tut jeder Knochen weh, vor allen Dingen dein Popo! Die Kutschen sind nämlich nicht sonderlich gut gefedert! Und eine Gummibereifung mit Luftpolster gibt es auch nicht. Der Postillion reicht dir deinen Koffer an. Schüchtern nähert sich Fritzi, sie hat vor Aufregung ganz rote Backen. Viele Fremde sind

9

noch nicht bei ihnen zu Besuch gewesen, die meisten Besucher sind Verwandte und Nachbarn. Natürlich kommen auch Kunden zu ihrem Vater, der ein guter Möbelschreiner ist, aber bei Verkaufsgesprächen haben Kinder nichts zu suchen. Etwas unsicher bist du auch, aber der Gruß: **„Hallo!"** hilft ja eigentlich immer.

Verdattert blickt dich Fritzi an, der nächste **Fährmann** ist doch unten an der Ruhr! Doch nicht **hier**, mitten auf dem **Marktplatz**! Erst später wird Fritzi dir erzählen, dass ‚Hallo' der Ruf ist, um von einem Fährmann über einen Fluss gesetzt zu werden!

Na, da hast du aber schon gleich voll danebengelegen!

Fritzi begrüßt dich artig mit:

„Guen Tagch!", und jetzt ist die Reihe an dir, sich zu wundern: Fritzi spricht plattdeutsch!

Au weia, das kann ja 'was werden!

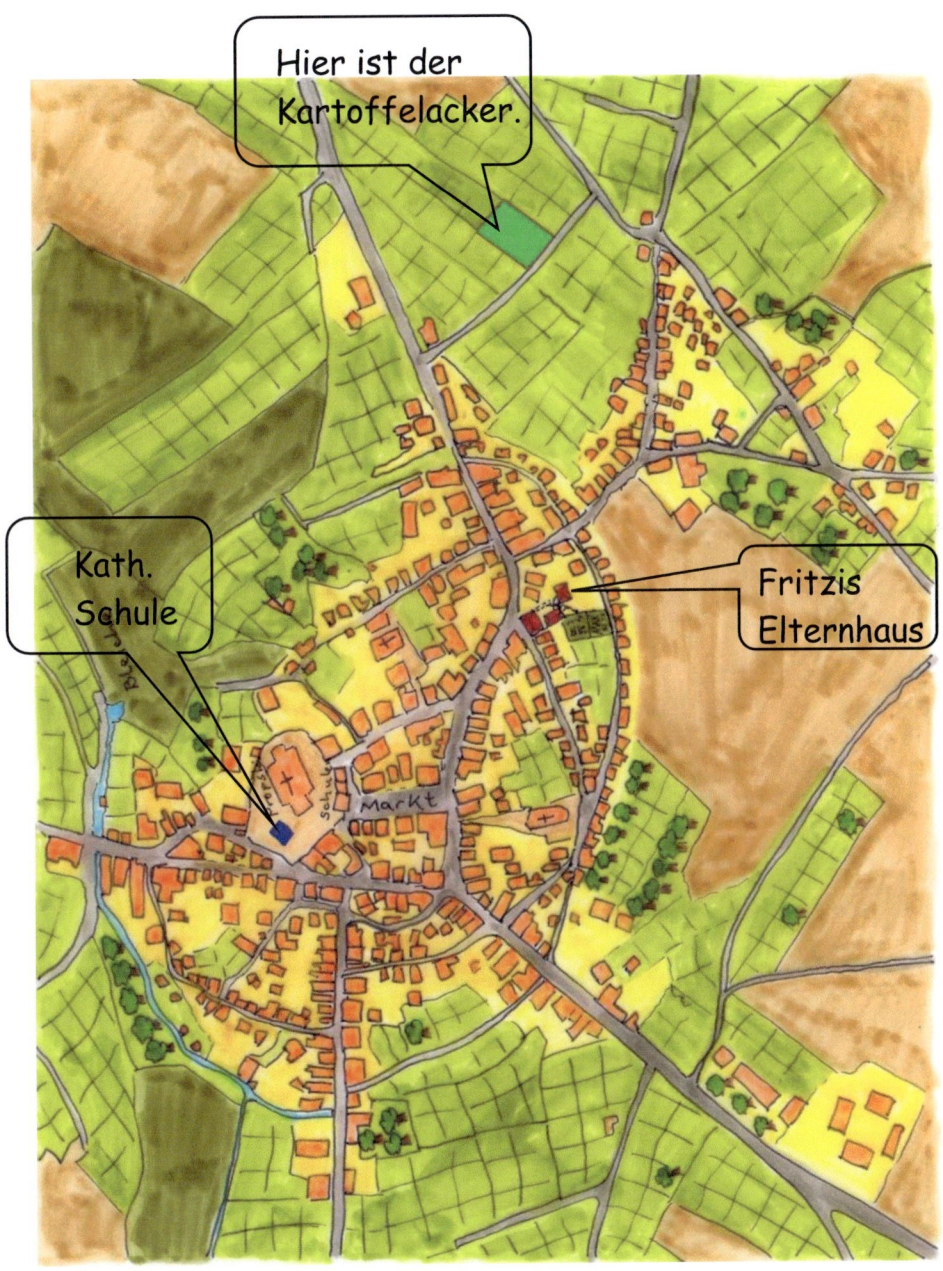

Inzwischen ist der Geselle des Vaters aufgetaucht, er hat eine Karre mitgebracht, um den schweren Reisekoffer zu transportieren. Aus Höflichkeit und um nicht gleich angeberisch zu wirken, erzählst du nicht, dass der Koffer Rollen und eine Zugstange hat. Nach ein paar Metern bist du sehr froh, nichts gesagt zu haben. Das Pflaster ist dermaßen holperig, ob das die Rollen ausgehalten hätten? Außerdem sind Pferdeäppel in Mengen auf der Straße. Ihr biegt zweimal um die Ecke und dann steht ihr vor dem Haus von Fritzi.

Es ist ein Fachwerkhaus, etwa 10 m lang und 10 m tief. Zur Straße hin befindet sich das Deelentor, in dieses Tor ist für den täglichen Gebrauch eine normale Tür eingearbeitet. Das findest du sehr praktisch, aber warum gibt es das große Tor? Auch dafür wirst du im Laufe deines Besuches die Antwort finden. Fritzi öffnet die Tür, sie ist nicht verschlossen. Sie wird nur abends mit dem riesigen Riegel – verriegelt.

Auf dem kurzen Weg hat sie dir schon erzählt, wo
du schlafen wirst. Im Schlafzimmer der Mädchen

könnte noch ein Bett dazugestellt werden, dann wärt ihr zu viert in dem Zimmer. Fritzi findet das ganz toll, dann könntet ihr euch abends noch Geschichten erzählen. Oder möchtest du lieber bei den beiden Brüdern schlafen? Das Baby schläft übrigens in der Wiege im Elternschlafzimmer und hält mit seinem Geschrei oft die ganze Familie wach. Sogar die schwerhörige Oma – auf Plattdeutsch: ‚Bessma' - kann manchmal nicht schlafen!

Aber zuerst wirst du von der ganzen Familie empfangen. Sogar der Vater hat seine Arbeit in der Werkstatt unterbrochen, um dich zu begrüßen. Und so lernst du der Reihe nach Hilde, Franzi, Willi, Carl, die Oma und den Opa, Marie (das Dienstmädchen), Vater und Mutter mit dem friedlich am Daumen nuckelnden Georg kennen.

Fritzi und Anton (der Geselle) kennst du ja bereits. Die Ähnlichkeit mit der Verwandten aus Düsseldorf (deine vermeintliche Mutter) und dir wird von allen staunend wahrgenommen.

„Wie aus dem Gesicht geschnitten!", ruft die Oma etliche Male.

Alle nehmen in der guten Stube Platz. Du siehst
dich um. An der einen Wand hängen etliche kleine,
schwarz-weiße Bildchen: **SCHERENSCHNITTE!**
Eins erkennst du sofort wieder:
Fritzis Bild! Na, so was!
Aber bevor du etwas sagen kannst,
bringt Marie Milch für die Kinder und
Kaffee für die Erwachsenen. Dazu gibt es ein Stück
süßen Stuten und Knappkouken. Die Oma stippt den
Knappkouken in den Kaffee, er muss ziemlich hart
sein. Die Kinder halten sich an den Stuten, das
machst du genauso. Er schmeckt lecker.
Aber die Milch! Obendrauf schwimmt auch noch ein
Stück Schmand! Du bemühst dich sehr, nicht so
angeekelt zu gucken, wie du zuhause gucken
würdest. Es scheint dir gut zu gelingen, denn Hilde
sagt stolz: „Wir haben zwei gute Milchkühe, die
werden von dem Kuhhirten der Stadt jeden Tag auf
die Voede getrieben!"
„Habt ihr noch mehr Tiere?", erkundigst du dich.
„Aber sicher! Wir brauchen doch Eier! Also haben
wir Hühner und einen Hahn. Und damit es Wurst
und Schinken gibt, halten wir auch noch zwei

Schweine.
Außerdem haben
wir einen
Wachhund und
etliche Katzen."
Nach diesem
freundlichen
Empfang führt
dich Fritzi durch
das ganze Haus.
Die Deele ist so
groß, weil hier der
Erntewagen
untergestellt
werden muss.
Deswegen ist das
Deelentor auch so
hoch! Oben in der
Decke ist eine
Luke, durch die
das Heu und das
Stroh für die
Winterfütterung
auf den Dachboden gezogen werden kann. Von der

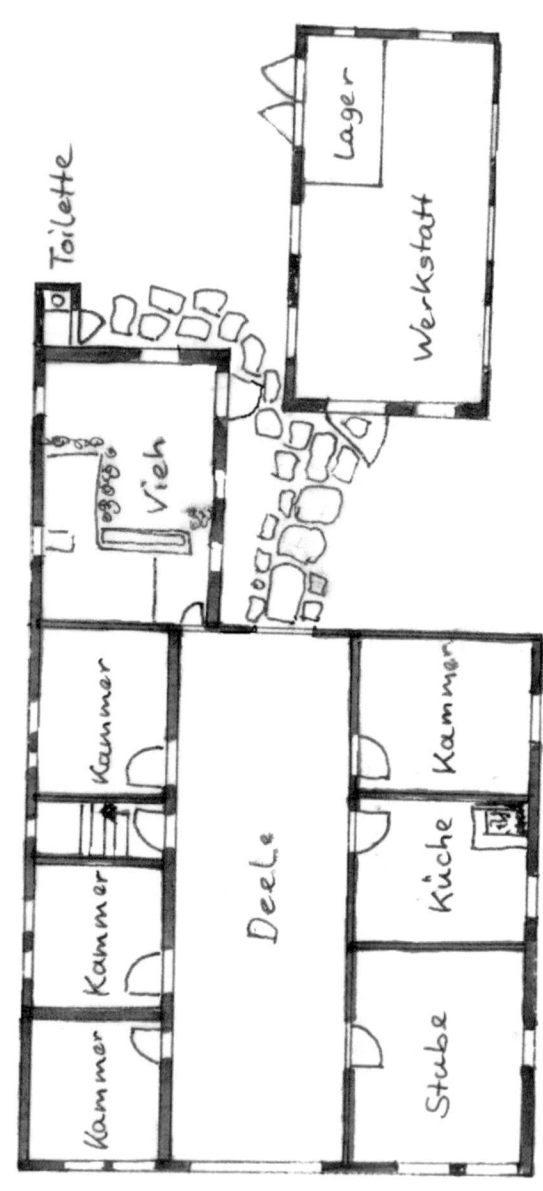

16

großen Deele gehen alle Zimmer ab. Auf der rechten Seite befindet sich die gute Stube, die du ja schon kennengelernt hast. Voller Freude hast du den gemütlichen Ofen gesehen, doch Fritzi raubt dir sofort alle Illusionen von heimeligen Kaminabenden:

„Meistens sitzen wir abends noch in der Küche, die Stube wird nur zu besonderen Anlässen benutzt, so wie heute, weil du gekommen bist. Aber die Küche ist auch schön gemütlich!"

Was soll das denn bedeuten? Schnell geht dir auf, dass das die beiden einzigen Räume sind, die beheizt werden können! Gut, dass Sommer ist! Die Küche ist neben der Stube, daneben ist die Kammer für die Jungen. Für deine Begriffe ist sie kärglich eingerichtet:

2 Betten, eine Kommode, mehrere Haken an der Wand. Ja, wo ist denn das ganze Spielzeug? Also, hier schon mal nicht. Dafür stehen auf der Kommode eine große Schüssel und eine große Kanne.

„Ist da Saft drin?", fragst du Fritzi.

„Saaaaaft?", fragt Fritzi gedehnt und überaus erstaunt zurück.

„Nee!", schüttelt sie den Kopf, „das ist nicht zum Trinken! Da ist Wasser zum Waschen drin!"

„Ja, gibt es denn kein Badezimmer mit Wanne oder Dusche?", fragst du entsetzt. Wieder antwortet Fritzi mit diesem verständnislosen Unterton:

„Wir sind eine saubere Familie! Wir baden immer samstags! Dann steht der Waschzuber in der Küche und alle waschen sich darin. Das ist sehr praktisch, dann kann man immer warmes Wasser vom Herd nachschütten." Dir wird mit einem Schlag klar, dass nicht jeder frisches Wasser bekommt! Na, das kann ja heiter werden! Fritzi ist viel zu aufgeregt und zu stolz, als dass sie merkt, wie in dir die Panik hochkriecht. Sie setzt ihre Führung fort: Auf der anderen Seite der Deele befindet sich die Schlafkammer von Oma und Opa, daneben ist die Kammer der Eltern. Hinter der nächsten Tür geht es sofort treppauf nach oben, da sind Vorratsräume und das Kämmerchen von Marie. Neben der Treppe schlafen die 3 Mädchen in ihrer Kammer.

„Wir haben jeder ein Bett", betont Fritzi glücklich, „mein Papa ist ja Möbelschreiner!"

Gegenüber des Deelentores befindet sich noch eine ziemlich große Tür, so kommt man auf den Hof. Der

Weg ist gepflastert und führt zur Werkstatt des Vaters. Über der Werkstatt schläft Anton.

An das Haupthaus ist der Stall angebaut, du riechst es deutlich. Du hörst die Schweine grunzen, die Hühner laufen gackernd über den Hof, der Hund bellt, und du siehst ein paar Kuhfladen auf dem Pflaster liegen. Fritzi beruhigt den Hund und stellt dich vor. Sie lässt ihn an deiner Hand riechen und redet ihm gut zu. Endlich beruhigt er sich. Fritzi führt dich um den Stall herum und deutet auf eine kleine Hütte, die sich an den Stall zu lehnen scheint. „Da ist das Klo!", klärt sie dich auf. Drinnen gibt es ein sauber gehobeltes Holzbrett mit einem Loch, das war's. Klopapier suchst du vergebens, das gibt es nämlich noch nicht. Doch womit sollst du dir den Popo abputzen? Fritzi deutet auf einen – für deine Begriffe – ziemlich ekligen Schwamm: „Den nehme ich nie!", sagt Fritzi, „ich habe ein Geheimfach!" Sie löst ein Brett von der Sitzbank und zeigt dir stolz ihren Moosvorrat!

„Verrate keinem ´was! Aber du darfst dich bedienen!" Fritzi strahlt dich an, und du merkst, dass sie dankbare Freude von dir erwartet. Du gibst

dir sehr viel Mühe, sie nicht zu enttäuschen, aber
es fällt dir schwer.
Inzwischen kommen auch die beiden Kühe
angetrottet. Der
Kuhhirte hat sie bis an
den Zaun gebracht, den
Rest des Weges kennen
sie. Wahrscheinlich
würden sie auch den
Weg zur Voede und
zurück allein finden.
Hilde kommt, um die
Kühe zu melken.
Dann führt dich Fritzi
zur Werkstatt. Vater
und Anton arbeiten
schon wieder, ein

Stiepeler Bauer hat für seine gute Stube 12 Stühle
und einen Tisch bestellt. In der nächsten Woche
soll alles fertig sein, denn die Tochter des Bauern
heiratet. Diesmal sind dein Lob und deine
Bewunderung ehrlich, die Möbel sind wirklich
sehr schön.

So etwas hast du schon im Museum
gesehen, dort hatte ein Schild mit der Erklärung
‚Biedermeier-Zimmer' gestanden. Fritzis Vater
ist ärgerlich auf den Polsterer, der wollte heute mit
den Sitzpolstern kommen, die noch aufmontiert
werden müssen.
„Immer dasselbe", schimpft der Vater, „so ein
klüngeligen Kähl!"
Anton setzt in der Zwischenzeit die Schublade für
eine Kommode zusammen. Ganz zufrieden scheint er
noch nicht zu sein, er nimmt wieder eine
Seitenwand heraus und schmirgelt noch ein
bisschen. Dann gähnt er laut mit weit
aufgerissenem Mund, aber Fritzis Vater kennt kein
Erbarmen:
„Du kannst gähnen, wie du willst, vor Einbruch der
Dunkelheit müssen wir noch einiges schaffen!"
Anton stöhnt leise, aber der Meister hat ja recht.
Mit Erstaunen stellst du fest, dass es keine
elektrischen Lampen gibt! Es hängen zwar Öllampen
von der Decke, aber das Licht wird wohl kaum
reichen, um Maßarbeit zu liefern. Also wird im
Sommer viel länger gearbeitet als im Winter.

Doch dann schlägt die Kirchturmuhr der Propstei-
Kirche 9-mal, ein paar Minuten später ertönt auch
der Glockenschlag der Standuhr in der guten Stube.
Alle treffen sich in der Küche und setzen sich um
den Tisch. Es gibt Brot mit Schmalz. Danach wird
ein Gebet gesprochen, es wird für den Tag gedankt
und um eine friedliche Nacht gebetet.
Die Kinder müssen ins Bett. Die Oberbekleidung
wird abgelegt, über die Unterwäsche kommt das
Nachthemd! Die Erwachsenen setzen sich noch auf
die Bank vor der Haustür, eine Nachbarin kommt
noch vorbei, und in der Abenddämmerung wird noch
ein kleines Pläuschchen gehalten. Diese Zeit wird
von den Kindern genutzt, zwischen den beiden
Schlafkammern hin- und herzuflitzen. Es sieht aus,
als wenn 6 Gespenster mit fast weißen Gewändern
über die Deele huschen würden. Dann wirft Willi
sogar das Kopfkissen in die Kammer der Mädchen!
Ein Gekreisch ertönt ---- und dem Spuk wird durch
Opa ein Ende gesetzt. Mit seiner dröhnenden
Stimme schimpft er den Missetäter aus und zieht
ihn am Ohr. Es kann nicht so schlimm sein, denn
Willi grinst. Allerdings ist durch den Lärm das Baby
wach geworden und fängt an zu plärren. Jetzt

erscheint die Mutter in der Deelentür und - schwupps! - sind alle Kinder verschwunden! Nur Opa steht noch einsam auf der Deele, und er bekommt Mutters Wut ab!

„Musstest du so laut rumpoltern? Jetzt ist Georg wach und schreit bestimmt wieder die ganze Nacht!"

Alle kichern noch unter der Bettdecke, doch dann kehrt Ruhe ein, auch du schläfst wie ein Stein. Am nächsten Morgen werden alle im Haus munter, als die Hähne krähen. Von überall hörst du das Federvieh lauthals verkünden, dass wohl offensichtlich die Sonne aufgegangen ist. Fritzi planscht in der Waschschüssel herum, die vernünftige Hilde ermahnt sie. Franzi ist in Holzpantinen auf den Hof gerannt, wahrscheinlich musste sie ganz dringend. Marie kommt herein und kontrolliert die Nachttöpfe. Nein, in dieser Nacht war niemand auf dem Töpfchen. Marie ist froh. Nur die Stoffwindeln von Georg müssen gewaschen werden. Du verkneifst dir gerade noch die Frage nach Pampers. Wenn es noch kein Klopapier gab, wird es bestimmt auch keine Pampers geben. Du flitzt jetzt auch zum Plumpsklo (Fritzi hat dir

Holzpantinen gegeben), und du bist froh über Fritzis Geheimversteck mit dem Moosvorrat. Die Oma hat schon Haferbrei gekocht, jeder bekommt in eine Schüssel eine große Portion. Die Begeisterung ist bei allen Kindern nicht besonders groß, aber die Oma ist erbarmungslos.

„Das ist gesund, macht kräftig ...."

„.....guckt euch die Ackergäule mit ihren dicken Hintern an, die kriegen auch Hafer!", murmelt Fritzi. Die anderen kichern. Gut, dass Oma nicht mehr so gut hört, deswegen preist sie weiter ihren Haferbrei an:

„........und satt! Außerdem habe ich heute – weil wir Besuch haben – Honig mitgekocht!"

Da jubeln die Kinder, schnell jubelst du mit. Der Vater spricht das Morgengebet, und dann langen alle zu. Du isst auch den Haferbrei, toll schmeckt er dir nicht. Wie mag das klebrige Zeug wohl ohne Honig schmecken? Aber Oma lächelt dich so lieb an, da strahlst du zurück und behauptest, dass Brei mit so viel Honig wirklich nicht zu verachten ist. Bei Oma hast du jetzt einen Stein im Brett. Zum Glück gibt es noch eine dicke Schnitte Brot, beschmiert mit Rübenkraut.

„Übermorgen ist Backtag!", stöhnt die Mutter, wobei sie die Brotvorräte kontrolliert.

Für heute werden die Arbeitsaufträge verteilt. Im Sommer ist offensichtlich von Schule keine Rede. Hilde muss buttern, Carl und Willi müssen in der Werkstatt helfen, Franzi, Fritzi und du müssen mit Oma ‚Himmerten plücken'. Was soll das denn jetzt schon wieder sein? Irgendetwas soll offensichtlich gepflückt werden, aber was? Und wo? Das erfährst du schnell. Oma hat schon alles bereitgestellt. (Meine Güte, wann hat die alte Frau das alles gemacht?) Für jeden gibt es einen großen Strohhut, denn es verspricht, ein heißer Tag zu werden. Sonnenschutzmittel gibt es nicht, da muss man sich seinen Schattenspender auf den Kopf setzten. Außerdem bekommt jeder ein kleines Eimerchen, das man sich mit einer Art Gürtel um die Taille binden kann. Dann verteilt Oma an alle große, flache Körbe. Ihr geht los, raus aus Bochum, in Richtung Wiemelhausen, Stiepel. Oma schreitet rüstig aus, alle Kinder müssen sich sputen.

„Das ist immer so", zischelt dir Fritzi zu, „wenn sie nur das Wort ‚Himmerten' oder ‚Brämmelten' hört,

26

vergisst sie alle Wehwehchen. Dann kann sie rennen, als ob sie 20 wäre! Dabei ist sie schon 60!"
Erschrocken schaust du Fritzi an: Du hast die Oma auf 80 geschätzt! Mit ihren dunklen Kleidern, den grauen Haaren, die zu einem Knötchen gesteckt sind, dem fast zahnlosen Mund...nein, deine Oma sieht ganz anders aus.
Am Rand eines kleinen Wäldchens macht Oma halt. Sie lässt ihren Blick über das Buschwerk gleiten, sie nickt zufrieden, ihr seid die Ersten. Jetzt weißt du, was ‚Himmerten' sind: **Himbeeren**!
Oma gibt noch einmal genaue Arbeitsanweisungen: Nur gute Himbeeren, keine mit Würmern!
Das Eimerchen nicht ganz füllen, die untersten zermatschen sonst!
Vorsichtig in die breiten Körbe schütten!
Und los geht's! Jeder sucht sich eine gute Stelle und pflückt und pflückt. Ab und zu verschwindet eine besonders schöne Himbeere im Mund.
Zur Mittagszeit sind die flachen Körbe gut gefüllt, und Oma sammelt Kinder und Körbe ein.

Jeder muss zwei Körbe tragen und sich das 10-fache an Ermahnungen anhören, ja vorsichtig zu tragen, auf den Weg zu achten und bloß nicht zu stolpern. Auf dem Heimweg schwärmt Oma schon von der Marmelade und dem Sirup, den sie heute noch kochen wird.

Alle Kinder haben andere Sorgen: Wie kriegen wir die Stacheln wieder aus den Fingern?

Im Haus angekommen stellt ihr die Körbe in der Deele ab, sie werden sofort mit Tüchern bedeckt, so dass sich keine Tiere (sprich: Hühner, Fliegen und Wespen) darüber hermachen können.

Dann gibt es ein einfaches Mittagsessen: **Ärrappeln** mit ausgelassenen Speckgrieben! Alle langen – natürlich nach dem Tischgebet – kräftig zu. Nur du suchst verzweifelt nach einer Frikadelle oder einem Schnitzelchen oder einem Fischstäbchen zu den Kartoffeln. Gemüse ist auch weit und breit nicht zu sehen. Da nimmst du dir auch drei Kartoffeln. Weil du als Kind am unteren Ende des langen Tisches sitzt und zudem nicht schnell genug warst, hast du noch nicht einmal ein Tröpfchen Fett abbekommen.

Nach dem Dankgebet legt sich der Vater für eine Viertelstunde auf das Chaiselongue. Damit ihn die Fliegen in dieser kurzen Zeit der Ruhepause nicht stören, stülpt er sich seinen breitkrempigen Hut über das Gesicht.

Alle anderen gehen wieder ihrer Arbeit nach.

Oma macht sich über die Früchte her, die Jungen müssen den Stall ausmisten, wieder muss das Team Franzi, Fritzi und du an die gar nicht so frische Luft:

Ab in den Garten!

Doch auch hier wartet kein Spielzeug auf euch, kein Planschbecken, keine Gartendusche, kein Tor für Fußball. Nur im alten Birnbaum hängt eine schiefe Schaukel, bestehend aus einem Holzbrett. Sehr vertrauenerweckend sieht sie nicht aus. Aber zum Schaukeln seid ihr auch nicht im Garten, sondern zum Unkraut jäten! Und das bei dieser Hitze! Diesmal ist Opa der Boss und teilt die Arbeit ein: Fritzi und du müssen zwischen den Kohlköpfen hacken, Franzi muss das Steckrübenfeld vom Unkraut befreien, Opa will sich um die Erbsen und die Bohnen kümmern. „In die Ärrappeln müssten wir auch noch", seufzt er, „Ungeziefer suchen!"

„Ach du meine Güte!", seufzt jetzt auch Fritzi, „es gibt Tiere, die hätte Gott nicht erschaffen sollen!"

„Fritzi!", tadelt Opa streng, „du bist ein kleines Mädchen und hast nicht an Gottes Plan rumzunörgeln!"

Als Opa an der anderen Ecke des Gartens mit den Bohnenstangen und den wuchernden Bohnen beschäftigt ist, meckert Fritzi weiter.

„Du glaubst gar nicht, wie ekelig das ist! Fast so schlimm wie Schnecken suchen, die unsere jungen Pflanzen zerfressen!"

Du willst sie etwas ablenken und ein anderes Thema anfangen, obwohl du auch nicht so gerne Käfer, Raupen, Engerlinge, Maden und Würmer suchen möchtest.

„Was macht ihr eigentlich mit diesen Unmengen von Kohl?", fragst du Fritzi.

„Ja, weißt du das denn nicht?", entgegnet Fritzi, dich fassungslos anstarrend, „Sauerkraut! Für den Winter!"

Da wird dir klar, warum Apfelscheiben und Birnenschnitze getrocknet werden, warum Oma im Herbst Pilze sammeln will, warum die Himbeeren sofort verarbeitet und nicht vernascht werden: Es gibt im Winter– außer Grünkohl, der nach dem ersten Frost geerntet wird – nichts Frisches. Nur wer im Sommer gut vorgesorgt hat, hat im Winter genug zu Essen. Für die große Familie müssen es

riesige Mengen sein! Die Lebensmittel werden gepökelt, also in Salz eingelegt, oder geräuchert.
Als die Turmuhr der Propsteikirche viermal schlägt, bekommt Fritzi plötzlich Hunger. Dir knurrt sowieso schon der Magen, die 3 Kartoffeln haben nicht lange vorgehalten.
„Komm", flüstert Fritzi, „wir gehen zur Bessma in die Küche!"
In der Küche ist es noch heißer als draußen, die Oma füllt heißen Himbeersirup in Flaschen und verkorkt sie. Zurückgeblieben ist ein Mus aus Himbeerkörnchen und Fruchtfleisch. Und genau darauf hat es Fritzi abgesehen.
„Bessma, dau us äs 'n Stücksken Brout!", bettelt sie mit niedlicher Stimme und einem gekonnten Augenaufschlag. Oma murmelt etwas von verwöhnten Blagen, holt dann aber das Brot aus dem Brotschrank, schneidet dicke Scheiben ab, beschmiert sie mit der frischen Butter, die Hilde am Morgen gebuttert hat, und dann kleckst sie auf jedes Brot Himbeermus! Fritzi jubelt, du jubelst gleich mit, Oma lacht, und der Schmaus kann beginnen! Bekleckert und verschmiert geht ihr zur Pumpe, um euch zu waschen, dann geht es wieder an

die Arbeit. Inzwischen ist es noch drückender geworden, und dunkle Wolken sind am Himmel aufgezogen. Der Opa treibt euch zur Eile an, der Vater treibt Anton zur Eile an, da kommt auch schon der Kuhhirte mit den Tieren zurück, die auch er zur Eile antreibt.

„Dao tröckt 'n Unwier op! Eck spüör dat in miene Knuocken! Un dä Diers hölt sick ouk an't Blöhken!", gibt er den Wetterbericht der damaligen Zeit. Hilde kommt mit schnellen Schritten die Straße herunter, sie hat im Haus des Webers auf dem Webstuhl für ihre Aussteuer gewebt. Du bist sehr verwundert darüber, dass Hilde schon für das Bettzeug sorgen muss, das sie benötigt, wenn sie mal heiratet. Aber das viele Leinen zu weben, braucht seine Zeit. Und das viele Bettzeug zu kaufen, ist einfach zu teuer. Das können sich nur die Reichen erlauben.

Kaum sind die Tiere im Stall und alles Gartengerät ist verstaut, da bricht das Unwetter auch schon los. Dicke Regentropfen prasseln auf die Straße und auf den Hof, schon zuckt der erste Blitz. Oma holt eine Kerze aus dem Schrank und steckt sie an. Die Familie versammelt sich um den Küchentisch, und

Oma betet vor. Gott möge alle, die ihnen lieb sind, vor Unheil, Blitz, Feuer und Hagelschlag schützen. Obwohl du dich noch gar nicht lange bei der Familie deiner Vorfahren aufhältst, ahnst du, was all das bedeuten würde: Entweder Vernichtung der Ernte oder Zerstörung des Hauses. Beide Katastrophen würden Not und Elend nach sich ziehen. Sogar die immer gut aufgelegte Fritzi ist voller Angst.
Beim 2. Donnerschlag wird das Baby wach und schreit und weint. Die nächsten Blitze zucken, und sofort donnert es. Du weißt, dass das Gewitter genau über Bochum ist, du sagst aber lieber nichts. Dann blitzt und kracht es gleichzeitig....

....und......rumms......du bist vom Sofa gefallen. Du
hältst das Bild mit dem Scherenschnitt von Fritzi
noch immer in deiner Hand, draußen tobt
ein Unwetter!
Du setzt dich wieder aufs Sofa und
starrst verwundert vom Bild nach draußen, von
draußen zum Bild.
Da kommt die Mama ins Wohnzimmer und lacht:
„Na, hast du ein kleines Mittagsschläfchen
gehalten? Bei der Schwüle kein Wunder!"
Sie blickt aus dem Fenster, dicke Tropfen mit
Hagelkörnern vermischt prasseln auf die Terrasse.
„Es wurde aber auch Zeit, dass es sich etwas
abkühlt und mal kräftig regnet!"
„Aber die Ernte!", rufst du.
Jetzt blickt dich deine Mutter verwundert an.
„Du hast recht! Hagel schadet den Bauern sehr!
Aber seit wann interessierst **du** dich für die Sorgen
der Landwirte?"
Da erzählst du ihr von deinem Erlebnis mit Fritzi.
Sprachlos sieht sich Mutter das Bild noch einmal an.

Dann sagt sie leise:
„Und das Leben, das Fritzi dir gezeigt hat, ist nicht
einmal 200 Jahre her!"
„Ja", sagst du, „aber vielleicht kann ich noch mehr
in Erfahrung bringen!"
Und in dem Moment bist du dir sehr sicher: Fritzi
hat dir ein Auge zugekniept.

Wochen später, es ist September, liegst du im Bett
mit einer Wärmflasche auf dem Bauch. Dir ist
schon den ganzen Morgen schlecht, in der Schule
warst du auch nicht. Jetzt ist Mama aber doch
eben losgelaufen, um etwas einzukaufen. Da holst
du dir die Dose mit den alten Bildern aus der
untersten Schreibtischschublade hervor und
krabbelst wieder ins Bett. Du öffnest die alte Dose
und suchst den Scherenschnitt, den Scherenschnitt
mit dem Profil von Fritzi. Er liegt ziemlich obenauf,

die Dose mit den anderen Bildern schiebst du auf deinen Schreibtisch. Du beguckst dir wieder den Scherenschnitt von Fritzi, die so lustig und fröhlich war. Gerne würdest du sie wiedersehen. Doch diesmal müsstest du ihr etwas mitbringen. Aber was schenkt man einem Kind, das vor fast 200 Jahren gelebt hat? Ob sie sich über die kleine Dose freut, die einen emaillierten Deckel hat? Ein winziger Vogel – ein Grünling - ist darauf gemalt. Sie steht im Medizinschränkchen und ist wohl als Pillendöschen für Ausflüge und Reisen gedacht. Du stehst noch einmal auf und holst es. Wieder deckst du dich zu und betrachtest das hübsche Döschen und das Bild. Auf einmal bist du dir ganz sicher, Fritzi hat sich bewegt! Du ahnst, was nun passiert:
Jetzt hörst du auch ihre Flüsterstimme:

„Komm!

Komm mit mir!

*Komm in **mein** Bochum!*

*Ich zeige dir **meine** Welt!"*

Es rauscht kurz in deinem Kopf, die Farben und Formen deines Kinderzimmers vermischen sich...

2. Stippvisite

......und du sitzt das zweite Mal in der **Postkutsche**, die nach Bochum fährt!
Durchgeschüttelt und gerüttelt kommst du in Bochum an, und wieder wartet Fritzi auf dich! Sie freut sich offensichtlich, dass du – die vermeintliche, vornehme Verwandtschaft aus der Großstadt Düsseldorf - wieder für ein paar Tage zu Besuch kommst. Jetzt saust auch Anton um die Ecke, diesmal mit einer Sackkarre für deinen Koffer, den der Postillon schon von der Kutsche heruntergereicht hat. Heute sagst du nicht: „Hallo!", heute versuchst du auch:
„Guen Tagch!" zu sagen.
Es gelingt dir nicht so ganz, aber Fritzi lacht, und Anton schmunzelt. Jetzt kennst du auch den Weg zum Haus des Möbelschreiners, und weil du nicht mehr ganz so aufgeregt wie beim ersten Mal bist, schaust du dich etwas um. Um den Marktplatz herum stehen Häuser, so, wie du sie aus dem Freilichtmuseum in Hagen kennst. Ihr geht am alten Rathaus vorbei, in dem zu ebener Erde zum

Marktplatz hin eine offene Halle ist. Dort können Händler ihre Marktstände aufbauen. Am Ende des Platzes thront die alte Propstei-Kirche.

Die gibt es immer noch und du nimmst dir vor, beim nächsten Innenstadtbesuch auch der Kirche einen Besuch abzustatten.

Da, wo von der **Marktstraße** die **Schützenbahn** abbiegt, siehst du schon die offene Tür des Deelentores. Im Türeingang steht Oma, sie wartet schon auf dich. Wieder ist in der guten Stube der Kaffeetisch gedeckt, wieder kommen alle zum Kaffeetrinken zusammen. Während noch so einiges aus der Küche geholt werden muss – die Kaffeekanne, die warme Milch – holst du schnell dein kleines Geschenk. Du weißt plötzlich sehr genau, wem du es überreichen wirst:

Der Oma natürlich! Feierlich sagst du:

„Für die beste Bessma, die es in Westfalen zu finden gibt!", und gibst ihr das kleine hübsche Pillendöschen. Die Oma ist gerührt und weiß vor Freude gar nicht, was sie sagen soll. Sie streicht dir ein paar Mal über das Haar und lispelt durch ihren fast zahnlosen Mund: „Dat äck dat noch in mien ollen Jaohn erliewen draff!"

39

Das Döschen macht die Runde am Tisch, und es wird gebührend bewundert. Es gibt wieder Knappkouken aus der Blechdose und süßen Stuten. Heute

probierst du auch einmal den Knappkouken, er ist trocken und ziemlich hart, deswegen stippt die Oma ihn auch in den Kaffee. Du stippst das Kuchenstück in deine Milch, natürlich bricht die Hälfte ab, schwimmt auf der Oberfläche herum und geht dann langsam unter. Fritzi hat das beobachtet und fängt an zu kichern: „So ist das bei mir auch immer, deswegen esse ich keinen Knappkouken!"
Sie holt dir aber einen Löffel, und du fischt nach dem ertrunkenen Kuchenstück. Es ist inzwischen durchgeweicht, und die Kuchenmotsche schmeckt sehr lecker. Du nickst Oma anerkennend zu. Da hast du noch einen Stein mehr bei ihr im Brett.
Als alle mindestens ein Stück Kuchen oder Stuten verspeist haben, platzt Fritzi mit der Neuigkeit für dich heraus:
„Stell dir mal vor, morgen ist Jahrmarkt!" Sie strahlt dich so glücklich an, dass du unwillkürlich überrascht und freudig reagierst:
„Das ist ja toll! Da bin ich ja gerade richtig gekommen! Wir gehen doch bestimmt alle zusammen dahin?"
„Ja sicher!", jubeln die jüngeren Geschwister.

„Wir bekommen jeder einen Stüber vom Vater, stell dir das mal vor! Und dir gibt er auch einen!"
Das Glück kann offensichtlich größer nicht sein, obwohl du nicht so genau weißt, was ein Stüber ist. Es scheint Geld zu sein, aber wie viel? Auf jeden Fall bedankst du dich für die Gastfreundschaft und dass dir sogar noch etwas geschenkt wird. Fritzi fragt, ob sie den Zettel mit der angekündigten Attraktion des morgigen Tages holen darf. Der Vater nickt, und sie flitzt in die Küche. Der Zettel, du würdest Werbeflyer sagen, sieht schon ziemlich mitgenommen aus, so oft ist er wohl gelesen und beguckt worden.
Ach du lieber Himmel! Diese schreckliche Schrift ist so fürchterlich schlecht zu lesen! Aber das Wort ‚Wachsfigurenkabinett' kriegst du relativ schnell raus, und du sprichst es ehrfürchtig aus, so dass alle dein Zögern für Erstaunen halten.
„Verbrecher", liest du weiter, „Mörder, ...und die Mona Lisa!"
„Ja, lies weiter", drängelt Franzi, selbst die größeren Mädchen sind total aufgeregt.

Sensationell!

Wachsfigurenkabinett

Erstmalig in Bochum!

Berühmte Persönlichkeiten! Könige, Kaiser, Künstler, aber auch
Verbrecher und Mörder, sowie medizinische Absonderlichkeiten!
Unter anderem sehen Sie den ‚Alten Fritz', Cäsar, die Mona Lisa
und die Blutsaugerin Bathory!
Lebensecht!
Auch für Kinder sehr lehrreich!
Reelle Eintrittspreise!
Erw: 1/2 Stüber
Kind: 1 Pfennig
Nur in Begleitung eines Erwachsenen!

„Blutsaugerin", entzifferst du. „O, das ist
bestimmt echt spannend!", begeisterst du dich
langsam auch. Nur Oma hält nichts davon:
„Das ist doch nichts für Kinder! Nachher könnt ihr
alle nicht schlafen! Und dass so ruchlose, gottlose

Menschen dargestellt werden! Ob der Pfarrer wohl dafür ist?"

Doch ob der Pfarrer nun Bedenken hat oder nicht, interessiert die Kinder weniger.

„Vater, dürfen wir schon auf den Markt und gucken?", bettelt Fritzi. Sie macht große Dackelaugen, und dieser Trick wirkt auch schon vor fast 200 Jahren. Der Vater überlegt, wiegt den Kopf, murmelt etwas von:

„Gefährlich!"

„Oh, bitte!", betteln jetzt alle. Vaters Mund verzieht sich zu einem Grinsen:

„Aber passt ja auf die Jungen auf, sie sind immer so wild und unvorsichtig!"

Doch da schreitet die Mutter ein:

„Zuerst wird die Wäsche von der Bleiche geholt! Sie darf nicht auf der Wiese liegen bleiben, wenn das fahrende Volk in der Stadt ist! Ich höre schon ihre Wagen durch die Straße rumpeln! Jetzt aber schnell, bevor es zu spät ist!"

Das sieht selbst Fritzi ein, dass die Wäsche vorgeht. Alle springen vom Kaffeetisch auf, die Frauen werfen sich noch ein Tuch über die Schultern, dann gehen alle mit eiligen Schritten los.

Hilde rennt am allerschnellsten und jammert
unentwegt:
„Meine guten Leinentücher! Meine guten
Leinentücher!"
Wohin flitzen sie bloß? Zuerst laufen alle ein Stück
in Richtung Marktplatz, biegen dann aber nach
rechts ab.
„Das ist die Rosenstraße!", erklärt Fritzi, „hier
wohnen die vornehmen Bochumer, wie zum Beispiel
Dr. Kortum!"
Du siehst es auch den Häusern an, sie machen einen
gepflegten Eindruck, aber Villen sind es nicht.
Kurz bevor die Straße auf den Kirchplatz der
Propstei-Kirche mündet, biegt ihr wieder rechts ab
in eine kleine Gasse, die dann zu einem
ungepflasterten Weg wird und auf einer Wiese am
Bach mündet.
„Wieso schleppt ihr denn die Wäsche so weit weg?",
fragst du Fritzi erstaunt.
„Ja, zum Waschen und Bleichen! Am Bach wird
gewaschen, und auf der Wiese können wir die
Wäsche schön ausbreiten! Tiere dürfen diese
Wiese natürlich nicht betreten! Und dann muss die
Wäsche ja den ganzen Tag mit Lauge aus Pottasche

und saurer Milch begossen werden! Dann wird die Wäsche schön weiß und sieht sehr vornehm aus. Macht ihr das nicht so?", fragt sie.

„Doch", lügst du, „nur die saure Milch lassen wir weg. Aber ich werde das meiner Mutter erzählen, dass das bei euch sehr erfolgreich ist. Sie wird es dann bestimmt ausprobieren!"

„Wo bleicht ihr denn die Wäsche?", fragt Fritzi. Sie glaubt, dass du sehr überrascht über die Entfernung warst.

„Ach", sagst du, „wir haben Glück, bei uns ist das gleich um die Ecke!"

Und das ist noch nicht einmal gelogen, die Waschmaschine steht in der Waschküche!

Fritzi ist mit der Antwort zufrieden und erzählt weiter, dass heute Kathrein, die große Tochter des Nachbarn und Freundin von Hilde, die Wäsche begießen musste. Oma, Mutter und Hilde prüfen ihre Wäschestücke und sind sehr zufrieden. Trocken ist die Wäsche auch. Ordentlich wird sie gefaltet und in die Körbe gelegt, die am Rand der Wiese stehen. Das Leinen ist so schwer, dass ihr zu zweit die Körbe tragt.

Nachdem die Wäsche in der Küche abgestellt ist, geht es aber endlich los zum Jahrmarkt. Tatsächlich, die drei Wagen mit den Wachsfiguren sind schon am Marktplatz angekommen. Der Chef des Unternehmens diskutiert gerade mit dem Amtsdiener, ob seine Wagen an der richtigen Stelle stehen. Dabei zeigt er immer wieder auf ein Blatt Papier, auf dem wohl die Genehmigung steht. Irgendwie einigen sie sich, und die von den Pferden gezogenen Wagen werden dicht aneinandergeschoben. Die Verkaufsfläche für Tiere ist auch schon abgesteckt worden, so dass morgen nach dem Gottesdienst alles zügig vonstattengeht. Etliche Bochumer schauen sich schon einmal auf dem Marktplatz um, man trifft sich, und man plaudert ein bisschen miteinander. Doch das Horn des Kuhhirten ertönt, die Kirchturmuhr der Propsteikirche schlägt, und der Marktplatz leert sich. Auf dem Weg nach Hause überlegen alle, welche Marktstände wohl noch kommen werden. Oma, Mutter, Hilde und Franzi hoffen auf den Krämer mit den schönen Stoffen, Bändern und Knöpfen.

Opa und Vater hoffen auf neue Werkzeuge und Möbelkataloge.

Fritzi, Willi und Carl hoffen auf den Händler mit dem **Nürnberger Tand**. Schnell begreifst du, dass damit ‚Spielzeug' gemeint ist. Alle möchten sich etwas Süßes kaufen, und alle wollen natürlich in das Wachsfigurenkabinett!

Beim Abendbrot (es gibt wieder Brot mit Schmalz) wird heute weitererzählt. Ob wohl auch noch ein Kasperletheater kommt? Oder ein Moritatensänger? Oder ein Stelzenläufer? Doch irgendwann spricht der Vater ein Machtwort, alle müssen ruhig werden, es wird Gott für das tägliche Brot gedankt und um eine friedliche Nacht gebeten. Das scheint das Stichwort für Georg zu sein, denn genau bei diesem Satz fängt er an zu schreien wie am Spieß. Hilde kümmert sich um den Abwasch, die Kinder geben den Tieren Futter. Opa und Oma gehen noch einmal durch den Garten und kontrollieren, ob das hintere Gartentörchen geschlossen ist.

Nachdem diese kleinen Arbeiten erledigt sind, finden sich alle für ein Dämmerstündchen in der Wohnküche ein. Hilde und Franzi stricken, Oma spinnt, Mama häkelt eine feine Spitze, Fritzi häkelt eine weniger feine Spitze, was mit viel Gestöhne verbunden ist. Die Jungen bauen mit Bauklötzen; Vater, Opa und Anton überlegen, wie der Schreibsekretär gearbeitet werden könnte, den der **Baron von Berswordt-Wallrabe aus Weitmar** bei ihnen bestellt hat. Du spitzt die Ohren! Der Name kommt dir doch bekannt vor! Da musst du mehr erfahren!

„Ich liebe Geschichten von Grafen und Baronen, Prinzen und Prinzessinnen!", heuchelst du mit sehnsüchtiger Stimme. Oma fällt sofort darauf herein. Auf diesen Moment scheint Fritzi nur gewartet zu haben. Sofort lässt sie ihre Häkelnadel und die Spitze sinken und seufzt auch mit einer ebenso sehnsüchtigen Stimme:

„O ja, Geschichten von früher!"

Im Gegensatz zu Fritzi unterbricht Oma ihre Arbeit nicht. Aber alle anderen rutschen näher und hören gespannt zu.

„Tjooo", beginnt sie ihre Erzählung, „es muss so um 1600 gewesen sein, da hat der **Herr von Hasenkamp** (wieder horchst du auf, du kennst eine Straße, die so heißt) ein festes Haus gebaut. Nicht aus Holz und Fachwerk wie das einfache Volk, nein, aus Sandstein. Er hat es auch nicht mitten auf die Wiese gebaut wie das einfache Volk, nein, auf eine Insel! Und diese Insel lag in einem künstlichen Teich. So schickte sich das für einen Herrn vom westfälischen Adel. Allerdings gab es auch in diesen Familien einigen Ärger. Ein Teil des Besitzes gehörte nämlich den **Herrschaften von Crange**. (Wieder zuckst du zusammen, die Cranger Kirmes ist auch heute noch berühmt.) Das führte natürlich zu Streit, denn die Adeligen sind nun wahrlich keine Engel. Die Cranger hatten Schulden bei den Hasenkamps, und so gingen die Hasenkamps vor Gericht. Sie bekamen Recht und schmissen die Cranger Witwe raus! Zuerst wurde Wasser auf die Feuerstelle geschüttet, damit wurde ihr deutlich gemacht, dass sie hier nichts mehr zu suchen hatte, also die fristlose Kündigung. Als sie wohl nicht schnell genug das Haus verließ, wurden sie, ihre Kinder und ihre Magd noch mit einem Stock aus dem Haus geprügelt."

Alle Zuhörer sind empört.

„Das wollen vornehme Leute sein?", ruft Fritzi.

„Haben sie ihre Strafe gekriegt?", will Willi wissen.

„Joooho!", fährt Oma fort, „das kann man wohl sagen. 80 Jahre später war das Schloss leer, der letzte Hasenkamp war ohne Kinder gestorben."
„Hah!"; sagt Carl voller Genugtuung.
„1780 wurde alles an die Familie von Berswordt-Wallrabe verkauft. Sie sind sehr reich, sie haben soooo viele Knechte und Mägde, und stellt euch vor: 5 Pferde! Und im Krieg gegen Napoleon hat der Baron 180 Taler den Preußen gegeben, damit sie Napoleon vertreiben konnten! Das ist ja auch gelungen!"
Oma sagt das so stolz, dass man fast meinen könnte, es wären **ihre** Taler gewesen.
Der Vater seufzt:
„Und ich soll für diese reiche Familie einen Schreibsekretär schreinern, *im neuen Stil*, hat der Verwalter extra gesagt. Hoffentlich gibt es morgen Kataloge mit Zeichnungen!"
Die Turmuhr der Propstei-Kirche schlägt neun Mal, und einige Minuten später bequemt sich auch die Standuhr in der guten Stube, die Uhrzeit zu verkünden.
„Nun aber ab ins Bett!", ruft die Mutter, „morgen wird es sicherlich ein aufregender Tag!"

Heute gehen alle sofort, Opa leuchtet mit der Tranfunzel noch einmal den Gang zum Plumpsklo aus. Du bist wieder froh, dass das Geheimfach von Fritzi gut gefüllt ist. Dann waschen sich alle nur ein bisschen – gebadet wurde ja schon heute Morgen, weil du ja kamst – die Nachthemden werden übergezogen und das Gespensterheer verschwindet in den Betten. Eine kleine Weile wird noch getuschelt, dann schlafen alle.

Um 7 Uhr weckt Oma alle Kinder.
„Opstaohn!", ruft sie, „es ist Jahrmarktwetter!" Tatsächlich, die Sonne geht gerade auf, keine Wolke ist zu sehen. Heute müssen alle Sonntagszeug anziehen. Fritzi trägt ein blaues Kleid mit weißen Pünktchen, dazu eine blendend weiße Schürze. Hilde flicht die Zöpfe von Franzi und Fritzi. Zum Frühstück erscheint der Vater schon im Sonntagsstaat, seine Schreinerhose und das Schreinerhemd hat er gegen eine schwarze Hose und ein blütenweißes Hemd ausgewechselt. Doch dann taucht die Mutter auf und stellt alles in den Schatten. Das Kleid ist in der Taille eng geschnürt, die Ärmel sind wie Keulen geformt. Der Kragen ist

riesig und in winzige Falten gelegt. Sie sieht richtig elegant aus. Omas Kleid ist schlichter, aber auch sie hat sich einen feinen Spitzenkragen und ein

Goldkettchen mit einem Medaillon umgelegt. Nur Opa hat sich noch nicht feingemacht, einer muss ja die Tiere versorgen! Beim Frühstück passen alle sehr auf, dass keiner kleckert. Als alle zur Kirche gehen, ist auch Opa im Sonntagsstaat. Vater hat jetzt zusätzlich noch einen Frack an und einen Zylinder auf. Mutter hat einen riesigen Strohhut, der mit Bändern verziert ist, auf dem Kopf! Dazu trägt sie ein putziges Schirmchen, obwohl es überhaupt nicht nach Regen aussieht! Die Familie geht durch die Rosenstraße zur Kirche, weil die Händler auf dem Marktplatz ihre Stände aufbauen, Pferdekarren hin und hergeschoben werden, und die Viehhändler mit ihren Tieren kommen. Du hast aber den Verdacht, dass Vater Angst hat, dass die Kinderschar überall stehenbleibt und ihr nicht rechtzeitig in die Kirche kommt. Die Messe wird in lateinischer Sprache gehalten, du murmelst einfach leise mit, so wie Fritzi es auch macht. Zum Glück fällt heute die Predigt aus, der Pfarrer weiß wohl, dass alle – auch die Erwachsenen - ungeduldig auf den Beginn des Jahrmarktes warten. Und der darf nicht vor Beendigung des Gottesdienstes anfangen. Während des Gottesdienstes dürfen nämlich keine

Geschäfte gemacht werden! Der Segen, ein Lied, und dann strömen die Menschen nach draußen. Hier stehen zuerst die Händler mit den Tieren. Opa, Vater, Anton, Willi und Carl bleiben sofort bei den Pferden stehen. Mutter seufzt laut hörbar. Aber Vaters Traum ist nun mal ein eigenes Pferd. Leider sind Pferde teuer und geben keine Milch oder legen Eier. Den nächsten Aufenthalt gibt es bei dem Geflügel. Opa meint, eine Gans wäre nicht schlecht. Auch hier zerstört die Mutter alle Träume:

„So ein freches Biest kommt mir nicht auf den Hof! Als Kind bin ich von der Gans des Nachbarn gejagt und gebissen worden!"

„Jaja", sagt Opa schnell, alle aus der Familie kennen diese Geschichte zur Genüge.

Die dritte Verzögerung gibt es bei den Schafen. Hier sind sich Mutter und Oma einig, dass ein Schaf äußerst nützlich wäre: Wolle, Milch.... Und schlachten könne man es auch. Sie fragen nach dem Preis. Empört wenden sie sich ab und wollen gehen. Der Händler ruft: „Aber meine hochverehrten Damen! Das ist doch der Preis für mein bestes Wollschaf mit der feinsten Wolle, die Sie sich denken können! Hier, dieses junge Schaf, fast noch

ein Lamm, ist viel preiswerter! Es ist das diesjährige Lamm von meinem Wollschaf! Ich traue Ihnen zu, dass bei Ihrer Pflege und Fürsorge dieses kleine Schaf Ihnen schon im nächsten Juni Wolle schenken wird, um die Sie ganz Bochum beneiden wird! Fein, weich und zart! Sie, meine hochverehrte Dame," und dabei blickt er Oma an, "werden sicherlich die schönsten Fäden spinnen, die dann zu wunderbaren Socken, Schals, Mützen, Jacken und (er holt tief Luft und benutzt das neumodische Wort) **Pullover** verstrickt werden! Ihre Familie wird dann vor Husten- und Lungenkrankheiten gefeit sein!" Damit hat er das stärkste Argument für den Kauf des kleinen Schafes ausgespielt.
Erwartungsvoll blickt er die Familie an. Fritzi streichelt das kleine Schaf. Die Erwachsenen tuscheln, dann fängt Vater an zu handeln. Der Preis geht tatsächlich noch ein paar Stüber runter, dann geben sich die Männer die Hand, und der Kauf ist abgemacht. Fritzi jubelt: "Das Schaf soll 'Emma' heißen! Findet ihr auch, dass das Schäfchen 'Emma' heißen muss?"
Du findest den Namen auch gut, und damit scheint die Sache beschlossen zu sein. Anton muss das

Tierchen, das jetzt leise blökt, nach Hause bringen.
Er wird aber eindringlich ermahnt, alle Türen zu
verriegeln! Wieder hörst du etwas vom ‚fahrenden
Volk'. Vater sieht sich noch einmal zu den Pferden
um, besonders das schöne Reitpferd hat es ihm
angetan.
Du kennst diesen Blick: So hat dein Papa auf der
Auto-Ausstellung den silbergrauen Porsche
angeguckt.
Dann geht es endlich weiter. Doch schon lockt der
nächste Verkaufsstand! Jetzt stöhnen Willi und
Carl leise auf, Fritzi ist auch nicht sonderlich
begeistert: Der Händler mit den Galanterien! Es
gibt herrliche Knöpfe, Schnallen, Tücher, Schals,
Bänder, Borten und Fächer! Hilde sucht sich Knöpfe
aus, Franzi möchte Bänder, Oma überlegt, ob sie
sich ein

wunderschönes Samtband kaufen soll, zögert aber noch, Mutter schaut verliebt auf einen Fächer, Vater kauft ihn ihr!

Das ist die Sensation!

Eine Nachbarin bleibt stehen und bewundert das neu erworbene Prachtstück. Mit zarten Farben ist eine junge Frau auf einer Schaukel darauf gemalt, man sieht ihren Verehrer neben der Schaukel. Nein, wie romantisch!

Mutter ist überglücklich.

Der nächste Stand gehört einem Händler, auf den Vater gewartet hat. Er hat Werkzeug und die ersehnten Kataloge mitgebracht. Vater nörgelt zwar über den Preis, aber wenn er mit der Zeit gehen will, muss er wissen, wie der neue Stil aussieht und wie diese Möbel angefertigt werden. Die Frauen und Kinder sind schon zum nächsten Stand geeilt, dort gibt es Süßigkeiten! Fritzi kauft sich eine Zuckerstange, Willi ersteht Lakritzbänder. Doch dann ärgert sich Fritzi an der nächsten Bude, dass sie so leichtfertig einen Teil ihres Geldes für Süßigkeiten ausgegeben hat. Hier gibt es nämlich den Nürnberger Tand, mit anderen Worten: Spielzeug!

„Guck mal, die Puppe!", flüstert sie, „Ist die nicht niedlich! Sie hat große Ähnlichkeit mit dir!", behauptet sie kühn.

Du beguckst dir das Püppchen, es ist wirklich niedlich, aber Ähnlichkeiten kannst du nicht entdecken.

Carl sieht sich alles genau an. Alles, was ihn interessiert und aus Holz ist, können Opa, Vater und Anton ihm nachbauen. Vor allen Dingen die Murmelbahn ist toll. Die Murmeln dazu muss er sich aber kaufen, sie sind aus Stein! Schweren Herzens trennt er sich von seinem Geld und kauft ein paar Murmeln.

Endlich kommt ihr zu dem Höhepunkt des Jahrmarktes: **Das Wachsfigurenkabinett.**

Vor dem Eingang stehen schon einige Leute, die Familien kennen sich alle untereinander, und sofort entsteht eine lebhafte Unterhaltung. Die ersten Besucher verlassen gerade die Ausstellung, auch sie sind Bekannte.

„Fantastisch!", schwärmen sie, „die Figuren sehen aus, als ob sie lebendig wären!"

Endlich seid ihr an der Reihe, jeder bezahlt seinen Eintritt mit seinem Geld, und dann dürft ihr auf den mit Zeltplanen abgetrennten Platz, auf dem die Wagen stehen. Sie sind nach vorne hin geöffnet, davor stehen schmale Tische, die ebenfalls mit Planen zugehängt sind. In den geöffneten Wagen, die jetzt wie Bühnen wirken, stehen die Figuren. Wächsern blicken sie euch an. Auf der ersten Bühne sind wichtige Personen der Antike ausgestellt. Links stehen die alten Griechen in wallenden, weißen Gewändern, rechts erkennst du Cäsar und Augustus. Sie tragen einen Lorbeerkranz auf dem Kopf und sehen sehr würdig aus. Auf die Rückwand wurde eine italienische Küstenlandschaft gemalt. In der Ecke befindet sich Nero, sein Gesicht ist zu einer finsteren Fratze verunstaltet. Allen ist völlig klar, er ist bösartig, verrückt, hat Rom in Brand gesteckt, und die Christen den Löwen zum Fraß vorgeworfen! Auf dem Bild im Hintergrund ist auch so eine dramatische Szene dargestellt. Rom brennt lichterloh, nur in der Arena stürzt sich gerade ein nicht gerade künstlerisch gelungener Löwe auf ein armes Menschenwesen. Alle sind empört über diesen Christenverfolger Nero. Die ganze Familie und auch die anderen Besucher sind sich mit Fritzi einig, die mit dem Finger auf den Unhold deutet:

„Der schmort in der finstersten Hölle!"
Beifälliges Gemurmel, alle gönnen es ihm.
Der nächste Wagen zeigt Persönlichkeiten, die die älteren Besucher teilweise noch kennen. Hier stehen Friedrich II., sein Nachfolger Friedrich Wilhelm II., dessen Nachfolger Friedrich Wilhelm III. und dessen Frau. Rechts in der Ecke steht Napoleon. Vor diesem Wagen wird heiß diskutiert: Der Alte Fritz – wie Friedrich II. genannt wird – bekommt Zuspruch. Sein Nachfolger war ein Taugenichts, der bei den Leuten auch der ‚dicke Lüderjahn' hieß. Dass das keine Schmeichelei war, hörst du schnell heraus. Dessen Sohn lebt noch, aber seine Frau ist schon tot. Hier bleiben alle ehrfürchtig stehen:

„Nein, war sie hübsch! Und was für ein schönes Kleid sie anhat!"
„Sie soll ja auch so nett gewesen sein! Überhaupt nicht eingebildet!"

Von allen Seiten hörst du Lob über diese junge Frau. Die königliche Familie hatte einen Feind: Napoleon. Hinter ihm siehst du wieder eine brennende Stadt. Diesmal soll es Moskau sein. Wie du auf dem Schild lesen kannst, hatte sein Russlandfeldzug 1812 auch in Westfalen viele Opfer gefordert: Mindestens 24 000 Menschen!

Opa erzählt, dass 23 junge Bochumer dabei waren. Alle Umstehenden wissen davon und kennen die Familien. Von den jungen Männern hat nie mehr einer etwas gehört. Auch hier fällt Fritzi ihr vernichtendes Urteil:

„Der schmort in der finstersten Hölle!"

Wieder beifälliges Gemurmel, alle gönnen es ihm. Die Gestalten im dritten Wagen sehen auf den ersten Blick ziemlich harmlos aus. Doch der Hintergrund verrät Schreckliches: Ein Schafott, ein Scheiterhaufen und ein Galgen sind abgebildet! Und wenn man sich die Figuren genauer ansieht, offenbaren sich die fürchterlichsten Geheimnisse. Neben der ersten Figur, es ist eine Frau mit dem Namen ‚**Anna Margarethe Zwanziger'**, steht ein Salzfass. In ihrer Hand hält sie einen kleinen Tontopf, auf dem sehr auffällig ‚**Arsen'** steht. Gerade füllt sie etwas davon in das Salzfass. 1811 wurde sie in Nürnberg enthauptet, nachdem ihr nachgewiesen wurde, dass sie mindestens 3 Leute mit Arsen vergiftet hatte. Die Bochumer hatten von dem Fall gehört, obwohl es in Bochum noch keine Zeitung gibt. Aber das so verachtete und mit Misstrauen beobachtete ‚fahrende Volk' und natürlich die Händler, die von weiter herkommen, bringen die Neuigkeiten in das kleine Nest Bochum. Als der Besitzer des Wachsfigurenkabinetts das

erhöhte Interesse an seinen gruseligen
Mörderfiguren bemerkt, tritt er zu den Besuchern
und erzählt die Geschichten zu seinen Figuren.
Auch der nächste Fall zu der nächsten Figur ruft
bei den braven Bochumern nur entsetztes
Kopfschütteln hervor. Es passierte in Leipzig.
Ein hübscher junger Mann, der ‚**Heinrich Gottlob
Jonas**' hieß, steht da mit einer Geige, doch in der
Hand hinter seinem Rücken lugt ein Messer hervor,
von dem das Blut tropft! Was kann der Besitzer
nicht alles berichten! Alleinstehende Frauen hat er
mit seinen Liedern und Liebesschwüren umgarnt,
allerdings wollte er dafür auch gerne Geld sehen.
Als eine Dame ihm nicht das zahlen wollte, was er
haben wollte, stach er sie nieder. Dafür verlor er
1790 seinen Kopf. Oma schüttelt den ihren, der
noch fest auf ihrem Hals sitzt, und murmelt:
„Das sind doch keine Geschichten für Kinder!"
Aber schon geht es weiter und alle hängen an den
Lippen des Erzählers.
Der nächste Mörder hatte zwei junge Mädchen
umgebracht. Auch diese Geschichte ist den
Bochumern zu Ohren gekommen, aber jetzt hören
sie sie in allen Einzelheiten. ‚**Andreas Bichel**' hat

einen Spiegel in der Hand und grinst bösartig. Mit diesem Spiegel hat er die jungen Dinger in sein Haus gelockt. Dieser Spiegel sollte ihnen nämlich ihre Zukunft zeigen! Wenn er die Dummerchen in seiner Gewalt hatte, ermordete er sie und verkaufte ihre Kleider. Dafür wurde er dann 1809 selbst ermordet. Oma ändert schlagartig ihre Meinung, ob Kinder diese Geschichten hören dürfen oder nicht, und sagt allen Schreinerkindern: „Hört gut zu! Dass ihr nie auf so etwas Dummes hereinfallt!"

Die nächste Figur ist eine Frau mit wunderschönen Kleidern und einem harten Gesicht. Um sie herum liegen Scheren, Nadeln, Stöcke. Alles ist mit Blutspritzern besudelt. Es ist die Blutgräfin ‚**Elisabeth Báthory**'. Ein entsetztes Raunen geht durch die Menge. Der Erzähler weiß die Anzahl der Ermordeten: Es sollen 500 gewesen sein. Die Bochumer schlagen sich die Hände vor den Mund. Die Blutgräfin soll ihre Bediensteten totgequält haben. Nur gut, dass das in Ungarn vor 200 Jahren passiert ist! Das ist – erstens - weit weg und – zweitens - lange her. Fritzi starrt auf diese fürchterlichen Menschen, und dann weiß Fritzi auch hier:

„Die schmoren alle in der finstersten Hölle!"

Wieder beifälliges Gemurmel, alle gönnen es ihnen.

„Tja", sagst du, „das ist ja nur gut für uns!"

Fritzi schaut dich erstaunt an. Du grinst:

„Wenn da schon so viele sind, können wir da nicht mehr rein! Wegen Überfüllung geschlossen!"

Oma ist empört, so etwas sagt man nicht! Über die Hölle und den Satan macht man keine Scherze!

Vater, der zugehört hat, lacht schallend bis er sich verschluckt.

„Das geschieht dir recht!", sagt Oma streng zu ihrem Sohn.

Ihr schaut euch noch die Halbreliefs der Mona Lisa, von Albrecht Dürer und von einer italienischen Landschaft an.

Die Familie verlässt tief beeindruckt das Wachsfigurenkabinett.

Draußen trifft sie noch die Schuhmacherfamilie, den Bäcker mit seiner Großfamilie, den Schmied mit seiner Frau und den Lehrer Gremme mit seiner besseren Hälfte. Allen wird das Wachsfigurenkabinett wärmstens empfohlen. Dann kommt jemand auf euch zugeeilt, der nicht nach einem Handwerkermeister aussieht. Als Vater ihn bemerkt, zieht er seinen Zylinder und verbeugt sich.

„Das ist der Baron von Berswordt-Wallrabe!", zischelt dir Fritzi zu. Alle Kinder der Schreinerfamilie stehen artig bei Opa, Oma und Mutter mindestens 2 Schritte hinter dem Vater, der gerade artig den Baron begrüßt. Nur **du** bist natürlich **zu** neugierig, wie der Vorfahre des Barons, von dem du schon in der Zeitung gelesen hast, aussieht und stellst dich neben Vater. Vater zeigt dem Baron den Katalog und deutet auf einige Schreibsekretäre, die sicherlich gut in das Büro passen würden. Der Baron scheint zu überlegen und nicht so begeistert zu sein. Du tippst auf einen besonders schönen Sekretär, von dem du gemerkt hast, dass den der Vater bevorzugte und mischt dich einfach ein:

„Also, der ist doch fantastisch! Da wird Sie aber jeder von den anderen Grafen und Baronen beneiden! So etwas hat von denen keiner!"

Der Vater hält die Luft an, die eine Augenbraue des Barons zieht sich nach oben.

„Naaaaa", sagt er gedehnt, „was haben wir denn da
für ein vorlautes Frätzchen?! Du hast aber ein
munteres Mundwerk!"
Entschuldigend stammelt der Vater:
„Es ist das Kind unserer Verwandtschaft aus
Düsseldorf! Dort werden die Kinder etwas anders
erzogen!"
„Soso, aus Düsseldorf!", sagt der Baron, „und dann
hier zu Besuch in Bochum! Gefällt es dir denn bei
uns?"
„Ja", sagst du, „alle sind so nett und freundlich!"
„Soso, nett und freundlich. Dann will ich diesen
Eindruck mal verstärken!", und holt dabei sein
Schnupftuch aus der Hosentasche. Darin hat er
sein Geld eingewickelt. Er sucht ein 2 ½
Groschenstück heraus und drückt es dir in die
Hand. Du bedankst dich artig und schaust den völlig
erstaunten Vater triumphierend an. Im Weggehen
sagt der Baron noch:
„Ihr kleiner Rotzlöffel hat recht, der Sekretär
würde gut passen! Bauen Sie ihn!"
Alle stehen wie versteinert um dich herum.

Völlig danebenbenommen, den Auftrag unter Dach und Fach gebracht und Geld kassiert! Und dann noch vom Baron!

Du nimmst Fritzi an die Hand und ziehst sie über den Platz bis zu dem Stand mit dem Nürnberger Tand. „Bitte die Puppe!", verlangst du von dem Händler. Überglücklich nimmt Fritzi das Püppchen in Empfang. Von den paar Pfennigen, die noch übrig sind, kauft ihr Süßigkeiten für die anderen. Die verteilt ihr an den Rest der Familie, die langsam zur Marktstraße geht. Oma streicht dir wieder einmal über das Haar.

Gerade, als ihr den Marktplatz verlasst, kommt die Postkutsche um die Ecke gerumpelt. Der Kutscher knallt mit seiner Peitsche......

....und......rumms......, du bist aus dem Bett gefallen. Zum Glück ist wohl zuerst die Bettdecke abgestürzt, so dass du weich gelandet bist. Du hältst das Bild mit dem Scherenschnitt von Fritzi noch immer in deiner Hand, das Döschen ist verschwunden.

Du krabbelst ins Bett zurück, und die Mama fragt besorgt aus der Küche, ob etwas passiert ist.

„Nein!", rufst du, „ich bin nur aus der Postkutsche gefallen!"

Da kommt Mama aber doch angelaufen und fühlt, ob du Fieber hast. Dann blickt sie auf den Scherenschnitt:

„Warst du wieder bei Fritzi?"

Du erzählst ihr von deinen neuen Abenteuern. Nachdenklich hört sie zu. Nach einer Weile sagt sie leise:

„Und die Attraktionen, die Fritzi dir gezeigt hat, waren Gesprächsstoff für Wochen! Es gab kein Fernsehen, kein Radio, keinen Computer; Fritzis Familie wird wahrscheinlich kein Buch besessen haben. Und das alles ist weniger als 200 Jahre her!"

„Ja", sagst du, „und vielleicht kann ich noch mehr in Erfahrung bringen!"

In dem Moment bist du dir sehr sicher: Fritzi hat
dir schon wieder ein Auge zugekniept.

Es ist Oktober, es sind Herbstferien. Auf den
nächsten Besuch bei Fritzi bist du diesmal gut
vorbereitet. Im Spielzeuggeschäft hast du
Puppenmöbel für ein Puppenhaus entdeckt,
‚Biedermeierstil‘ stand auf der Verpackung!
Und ‚Aus Holz‘. Es durfte ja auf keinen Fall aus
Plastik sein! Du hast einen Schreibsekretär, der so
ähnlich aussah wie das Bild im Möbelkatalog vom

Vater, einen zierlichen kleinen Stuhl und ein Tischchen gekauft. Dein ganzes Taschengeld ist dabei draufgegangen! Die Verpackungen hast du entfernt, die Aufschriften passten nun wirklich nicht, vielleicht wären die Möbelchen dann auch gar nicht bei der Zeitreise mitgekommen. Du wickelst alles vorsichtig in Tücher.

Um auf jeden Fall bereit zu sein, holst du das Scherenschnittbild aus der Dose und stellst es auf deinen Schreibtisch. Doch deine Geduld wird auf eine harte Probe gestellt.

In der ersten Woche der Ferien tut sich nichts. Doch am Montag der zweiten Woche, das Wetter ist unbeständig, windig und kühl, meinst du, dass das Bild sich irgendwie verändert hat. Unruhig läufst du immer wieder in dein Zimmer.

„Meine Güte!", ruft irgendwann Mama aus, „hast du Hummeln im Popo? Es ist ja fürchterlich, du rennst ja dauernd hin und her! Du machst mich verrückt! Und dass, wo ich doch sowieso schon so Kopfschmerzen habe!"

Mittags kann sie es nicht mehr aushalten und legt sich für ein Stündchen aufs Sofa. Sie bittet dich, leise zu sein, vielleicht sind dann nachher die

Kopfschmerzen weg. Du nimmst dir ein Buch und setzt dich in deinen Schaukelstuhl, den du von Oma zum Geburtstag bekommen hast. Gemütlich lümmelst du dich in die Kissen, schaust noch mal zum Bild von Fritzi, und da passiert es! Sie bewegt sich und raunt dir zu:

„Komm!

Komm mit mir!

*Komm in **mein** Bochum!*

*Ich zeige dir **meine** Welt!"*

Es rauscht kurz in deinem Kopf, die Farben und Formen deines Zimmers wirbeln durcheinander...

3. Stippvisite

......und du sitzt das dritte Mal in der Postkutsche,
die nach Bochum fährt!
Du glaubst, dass kein einziger Knochen an der
richtigen Stelle sitzt, so rumpelig war die Fahrt
nach Bochum.
Gerade als die Postkutsche hält, kommt Fritzi um
die Ecke gejagt und begrüßt dich freudestrahlend.
Auch Anton kommt, er schnappt sich deinen Koffer,
hievt ihn auf die Schulter und geht mit euch nach
Hause. Auf dem Weg fragst du ihn, wieso er nicht
bei seinen Eltern wohnt. Er lacht und erzählt dir,
dass er gar nicht aus Bochum stammt, sondern aus
Ost-Westfalen. Gesellen müssen sich in einer
anderen Stadt einen Meister suchen, der sie weiter
ausbildet. Dann berichtet er von dem
Schreibsekretär für den Baron, der fast fertig ist
und sicherlich in der übernächsten Woche
ausgeliefert werden kann.
„Ein Prachtstück", schwärmt Anton.
Alle haben sich wieder in der guten Stube
versammelt, du wirst freudig begrüßt.

Entschuldigend wird dir erklärt, dass das Kaffeetrinken heute etwas weniger gemütlich sein wird, dafür hätten aber alle mehr Zeit beim Abendessen. Kaum haben alle ein Stück Kuchen oder Stuten gegessen, drängt nicht nur der Vater zur Eile, heute sind alle schnell. Die Werkstatt bleibt auch geschlossen, alle gehen in den großen Garten außerhalb der Stadt. Wieder bekommst du Holzpantinen an, deine schicken Turnschuhe finden keine Gnade vor den Augen der Mutter.

„Damit kann man keine Kartoffel ausmachen!", sagt sie kritisch. „Wenn du mit der Forke 'reinstichst, ist dein Fuß durchlöchert!"

Damit ist klar, was heute für ein Arbeitsprogramm für die Familie ansteht: Kartoffeln ernten! Und die Holzschuhe sind die Sicherheitsschuhe! Anton hat von den Nachbarn das Pferd und den Wagen geholt, die Kinder dürfen auf dem Wagen mitfahren, die Erwachsenen gehen zu Fuß. Nur Oma bleibt mit dem quengeligen Baby zu Hause. Zu beneiden ist sie nicht.

Zuerst rumpelt ihr etwa 200 m auf der Butenschen Straße, die nach Witten führt, entlang, dann biegt ihr ab und holpert über einen Feldweg. An diesem

Feldweg befindet sich der Kartoffelacker. Für deine Begriffe sieht er traurig aus, das Kartoffellaub ist verwelkt und hängt kraftlos auf der Erde. Vater scheint aber sehr zufrieden zu sein. Das Pferd mit dem Wagen wird an den Wegrand gestellt, die Erwachsenen greifen eine Forke, die wie eine Riesengabel aussieht, die Kinder bekommen große Körbe. Jeder Erwachsene nimmt sich eine Kartoffelreihe vor, sticht mit der Forke unter das gammelige Laub, hebt die Pflanze an und rupft sie so samt Wurzeln aus dem Erdreich. Und mit den Wurzeln kommen wunderbare Kartoffeln ans Tageslicht, große, mittelgroße und kleine. Die Kinder müssen sich jetzt bücken und alle Erdäpfel in die Körbe sammeln. Wenn der Korb voll ist, tragt ihr ihn zu zweit zum Wagen. Dort wartet Opa schon auf die Ernte. Die Kartoffeln werden auf den Wagen gekippt und Opa beginnt schon zu sortieren. Ganz klitzekleine Kartoffeln sind für das Vieh und kommen sofort in eine Extrakiste.
Ihr müsst euch ganz schön sputen, denn die Erwachsenen sind schnell. Zwischendurch hilft euch Anton beim Körbe schleppen. Nach drei Reihen stöhnt Fritzi fürchterlich über Rückenschmerzen

vom vielen Bücken, aber niemand erhört sie. Also werden auch die Kartoffeln der vierten, fünften und sechsten Reihe aufgelesen. Nun jammert Fritzi laut vor sich hin, bis Vater die Geduld verliert:
„Wer isst denn im Winter so gerne Grünkohl mit Bratkartoffeln?
Wer isst denn so gerne Reibeplätzchen von Oma?
Wer isst denn so gerne Pellkartoffeln mit Hering?"
Und Opa zitiert auch noch aus der Bibel:
„Im Schweiße deines Angesichts sollst du dein Brot essen!"
Fritzi schweigt erst eine Weile, doch am anderen Ende der Reihe, wo sie kein Erwachsener hört, zischt sie dir zu:
„Erstens steht in der Bibel nichts von Kartoffeln und zweitens nichts von Rückenschmerzen!"
Auch du spürst dein Kreuz. Als der Wagen voller Kartoffeln ist, führt Anton das Pferd mit dem Wagen nach Hause. Ihr müsst noch alle Körbe füllen und an den Wegrand stellen, dann dürft ihr eine kleine Pause machen. Viel zu schnell kommt Anton wieder, doch er hat Butterbrote und Muckefuck (Malzkaffee) in einer großen Blechkanne mitgebracht. Mit vollem Mund erzählt dir Fritzi,

dass es heute Abend Wirsingdurcheinander **mit** Bratenfleisch gibt! Wieder merkst du an ihrer Stimme und an ihrem Gesichtsausdruck, dass das ein besonderer Festschmaus ist.

Lange dürft ihr nicht Pause machen, der Vater guckt prüfend zum Himmel, die Helligkeit des Tages lässt schon nach, und ihr habt noch 10 Reihen vor euch! Auf geht es wieder! Dein Kreuz spürst du schon fast nicht mehr! Aber Kartoffel für Kartoffel muss in den Korb, der Winter ist lang. Endlich ist auch die letzte Reihe geschafft. Anton ist noch einmal alle Reihen abgegangen, damit ja keine Kartoffel auf dem Ackerboden liegenbleibt. Er hat noch ziemlich viele gefunden. Nun dürft ihr nicht mit dem Wagen fahren, das Pferd hat genug mit der Kartoffellast zu tun. Ihr trottet müde und erschöpft hinter dem Wagen her.

Zurück geht ihr einen anderen Weg, weil das Pferd und der volle Wagen so schlecht auf dem schmalen Feldweg wenden können. Ihr stoßt auf den Brüderweg, biegt rechts ab auf den großen Hellweg, dann geht ihr wieder rechts um die Kurve und seid auf der Hellwegstraße. Ein bisschen mehr Fantasie bei den Straßennamen hätten die Bochumer schon an den Tag legen können, findest du. Ihr kommt jetzt von hinten an Fritzis Haus heran. Doch zuerst siehst du zu deinem Entsetzen in die kleine Gasse, wo sich früher der Graben befand. Hier stehen winzige Häuschen, eins schiefer und schlechter gebauter als das andere! Du fragst, wer hier wohnt. Fritzi erzählt dir, dass hier Handwerker wohnen, die nicht so einen gutgehenden Betrieb wie ihr Vater haben.

„Noch schlimmer sieht es im Katenhagen aus. Da wohnen die Ärmsten von Bochum, die Tagelöhner. Bis vor einigen Jahren lebte dort auch der Scharfrichter! Und der Galgen ist an der Maarbrücke!"

Jeminee, du bekommst eine Gänsehaut. Zum Glück seid ihr zu Hause angekommen. An der Pumpe waschen sich alle die verschmutzten Hände, die mit Lehm und Erde verdreckten Holzschuhe werden zum Trocknen in die Deele gestellt, wo auch der Wagen steht. Anton reibt das Pferd trocken und bringt es dann weg. Mutter kümmert sich um Georg, alle anderen helfen, den Wagen zu entladen, alle, bis auf Willi. Der hat nämlich gesehen, dass Oma das leckere Abendessen schon in zwei große

Schüsseln gefüllt hat. Mit einer Gabel bewaffnet piekst er in den Schüsseln herum und schiebt sich die erbeuteten Fleischstückchen in den Mund. Das geht natürlich nicht lange gut! Oma kommt aus dem Vorratskeller und erwischt den Dieb auf frischer Tat.

„Wat man eät,
  befö man eät,
  bruukt man nich mä eäten,
  wenn man eät!",
schimpft sie auf Plattdeutsch.

„Bessma", rufst du, „sag das noch mal!"
Das hält Oma - völlig aus der Fassung gebracht - von ihrem Plan ab, Willi für seine Untat eine Ohrfeige zu verpassen. Alle kommen in die Küche, alle lachen, da muss auch Oma schmunzeln:

  „Do gies du äwwer nomol Glück gehat!", sagt sie zu Willi.

Sie füllt allen von dem gut riechenden Essen auf, und tatsächlich – Fritzi hat nicht zu viel versprochen – in dem Wirsingdurcheinander gibt es richtig schöne Fleischstückchen. Nach dem Dankgebet essen erst einmal alle und es tritt – wie dein Papa sagen würde – gefräßige Stille ein. Aber nachdem der erste Hunger gestillt ist, versuchen alle, dir diesen wunderschönen plattdeutschen Zungenbrecher beizubringen.Dann - findest du - ist es an der Zeit, dein Gastgeschenk zu holen. Oben auf dem Koffer liegen die in Tücher gewickelten Puppenstubenmöbel. Am Küchentisch holst du sie vorsichtig heraus - in der Hoffnung, dass alles noch heile ist. Glück gehabt, alles ist in Ordnung. Du überreichst sie Fritzi, die fassungslos die kleinen Möbel anstarrt. So etwas haben nur die Kinder von reichen Leuten. Auch die übrige Familie ist fasziniert. Anton hat vor, so etwas nachzubauen, wenn er einmal Meister ist und eine eigene Werkstatt hat. Dabei guckt er Hilde so vielsagend an. Vater will dir sofort den Schreibsekretär für den Baron zeigen, der so ähnlich wie der kleine Miniaturschreibsekretär aussieht. Fast hätte er das Dankgebet vergessen! Alle loben Oma für das köstliche Ärrappeln-Erntedank-Essen, dann nimmt der Vater dich mit in die Werkstatt. Stolz zeigt er dir den Sekretär, es ist tatsächlich ein Prachtstück geworden.

Nachdem die Küche wieder in Ordnung gebracht
worden ist, sitzen alle noch ein bisschen zusammen,
eine Nachbarin kommt auch noch. Doch dann werden

82

die Kinder ins Bett geschickt, denn morgen soll es wieder zur Schule gehen! Wie du erst so allmählich begreifst, war während des Sommers und der Erntezeit keiner der Kinder in der Schule! Auch die Nachbarin hatte ihre Kinder nicht geschickt!
Oma hat schon die Schiefertafeln hervorgekramt. Du sollst die alte Tafel von Hilde mitnehmen. Dann bekommst du zufällig mit, wie Oma, Mutter und Vater besprechen, dass sie morgen dem Lehrer eine Wurst geben wollen, ‚wegen der anderen Erziehung in Düsseldorf'! O weia! Das hört sich ja bedenklich an!
Trotz deines unguten Gefühls schläfst du sofort ein.

Am nächsten Morgen spürst du als erstes deinen schmerzenden Rücken, den anderen geht es genauso. Alle stöhnen und jammern. Aber die Erwachsenen sind ohne Erbarmen: Heute geht es in die Schule.
Sauber gewaschen und mit Wasser gekämmt stehen Franzi, Fritzi, Carl, Willi und du da und warten noch auf Lenchen, Stina und Trudi aus Wiemelhausen, die

schon über eine halbe Stunde gelaufen sind. Als sie bei euch ankommen, trinken sie eben an der Pumpe einen Schluck Wasser, dann setzt sich die ganze Kinderschar – heute verstärkt durch den Vater – in Bewegung. Vater trägt die luftgetrocknete Mettwurst, die in ein sauberes Leinentuch eingeschlagen ist, unter dem Arm. Was das wohl alles zu bedeuten hat? Während dich dunkle Vermutungen quälen, erzählt Fritzi dir, dass vor vier Jahren mit viel Aufregung und Ärger eine neue Schule auf dem Friedhof der Propstei-Kirche gebaut worden sei. Die alte Schule wäre zu klein geworden, 160 Kinder in einem Raum, das wäre schrecklich gewesen! In der alten Schule würde jetzt Lehrer Gremme wohnen. Außerdem gäbe es noch einen Unterlehrer für die Kleinen. Ihr geht an den alten Schulen vorbei, da tritt auch schon Lehrer Gremme aus seinem Haus und kommt auf euch zu. Der Vater begrüßt ihn höflich. Dann erklärt er dem Lehrer, dass in dieser und in der nächsten Woche seine Kinder nur vormittags zur Schule kommen würden, es gäbe noch so viel zu helfen. Er würde aber trotzdem das ganze Schulgeld bezahlen. Für diese Woche übergibt er dem Lehrer für jedes Kind 2 Stüber. Dann weist er auf dich, dem Kind der Verwandtschaft aus Düsseldorf. Unbeholfen erklärt der Vater dem Lehrer, dass in der Großstadt am Rhein die Kinder wohl etwas anders erzogen würden als in dem strengen Westfalen. Er möge bitte gnädig zu dir sein und dir dein Temperament nachsehen. Mit diesen Worten übergibt er die schöne Wurst. Erstaunt siehst du, dass der Lehrer sie völlig selbstverständlich annimmt und dich anlächelt, weil du ihm durch dein Erscheinen zu einem leckeren Zubrot verholfen hast. „Das werden wir schon machen", sagt er freundlich, aber bestimmt, „in Düsseldorf sollen sie ein lockeres Mundwerk haben, fast so wie in Köln! Aber Gestikulieren, Rufen oder Unruhe verbreiten wird dort in den Schulen auch nicht erlaubt sein." Er bringt die Wurst und das Geld seiner Frau, und dann gehen alle in einer 2-er-Reihe geordnet in die Schule ins Klassenzimmer. Es ist vollgestopft mit Tischen und Bänken. Obwohl noch nicht alle Kinder wieder zur Schule gehen, sind bestimmt 70 Kinder im Raum. Franzi sitzt ganz hinten bei den Großen, Fritzi und du sitzen in der Mitte, Carl und Willi sitzen bei den Kleineren.

Die ganz kleinen Kinder sind in einem anderen Raum untergebracht. Vorne in der Klasse stehen ein Kanonenofen, eine Tafel und ein Katheder. An der Seite siehst du eine Rechentafel mit 100 Kugeln zum Schieben. Dein Herz klopft, hoffentlich machst du nicht alles falsch! Zum Glück hat Vater die Wurst als Bestechung abgegeben! Das beruhigt dich etwas. Zuerst wird gebetet. Dazu müssen alle

aufstehen, neben die Bank treten, die Hände falten, das Vaterunser und ein ‚Gegrüßet seist du Maria‘ sprechen.

Als erstes Fach wird Religion unterrichtet. Lehrer Gremme erzählt vom Zöllner Zachäus, wie er als fieser Zöllner den Leuten mit allen Tricks das Geld aus der Tasche gezogen hat. Dann stellt er Fragen dazu, um zu überprüfen, ob alle zugehört haben. Schnell merkst du dir, was man beachten muss, wenn man antworten will:

Melden (natürlich ohne Schnipsen und Schlackern des Armes),

aufstehen und neben die Bank treten,

in einem ganzen Satz antworten,

den Kommentar des Lehrers abwarten,

wieder hinsetzen.

So geht es, bis die Stunde um ist.

Als nächste Stunde wird ‚Lesen‘ unterrichtet. Für die Jüngeren steht ein einfacher Text an der Tafel, die Älteren holen ein kleines Heftchen aus dem Fach im Schultisch heraus. Es sieht schon ziemlich mitgenommen aus. Du schlägst es auf, ach du je, die Frakturschrift! Aber weil ihr erst nach den Kleineren dran seid, kannst du dich schon einmal einlesen.

Wo kommt das Brod her, lieber Vater?

Zuerst nimmt der Bauer den Pflug in die Hand,
und reißt damit Furchen ins schwarze Land.

Dann streut er die Saat in die Erde hinein,
als sollten die Körnlein begraben sein.

Mit der Egge verscharrt er das kühle Grab
Und wünscht sich den Regen Gottes herab.

Sieh da! Wie er kommt der himmlische Segen,
wenn die Wolke entsendet den fruchtbaren Regen.

Der Schnee zieht der Erde das Leichenkleid an;
Aber was Gott thut, das ist wohlgethan.

Und der Sonne liebliches Angesicht
Zog aus den Keimen die Halme ans Licht.

O welch ein Wind! Ja, wenn der nicht wäre,
wer trüge den Staub dann von Ähre zu Ähre.

Hier hat der Bauer schon Stroh bei der Hand,
um die Garben zu binden, ein Freundschaftsband.

Horch auf! Wieder Mann die Sens schwingt
Und der Regen ihm rauschend zu Füßen sinkt.

Bald geht's mit den Flegeln gar lustig her,
daß die Körner springen die Kreuz und die Quer.

Der arme Esel denkt nicht ans Springen,
wenn er den Sack muß zur Mühle bringen.

Und in dieser Mühle, vom Winde getrieben,
da werden die Körner zu Mehl gerieben.

Die Mutter nimmt Salz und Wasser zum Mehle
Und Sauerteig, daß der Wohlgeschmack nicht fehle.

Meister Bäcker formt nun den Teig nach Belieben,
der sich todtenblaß läßt in den Ofen schieben.

Doch braun und blank kommt er wieder heraus
Und duftet so lieblich durchs ganze Haus.

Nun weißt du, mein Kind, wo das Brod kommt her,
das der liebe Gott uns auch ferner bescheer.

Du kämpfst dich erst durch die verflixte Schrift,
dann durch die eigenwillige Rechtschreibung. Aber
beim dritten Mal hast du den Bogen raus.
Die Mittleren und Großen sind jetzt an der Reihe,
die Jüngeren müssen in der Zeit den kleinen Text
von der Tafel auf ihre Schiefertafel schreiben. Die
Griffel quietschen fürchterlich.
Zuerst liest ein Junge, der sehr ärmlich aussieht.
Seine Leistung kann man auch kaum ‚Lesen' nennen.

Er stottert ein paar Buchstaben zusammen, das war's. Das arme Kerlchen wird getadelt. Dann ist Lenchen an der Reihe. Sie rattert das Gedicht herunter, aber so liest man doch kein Gedicht! Lehrer Gremme sieht das genauso, gelobt wird sie ebenfalls nicht. Als nächstes liest Fritzi. Sie erliest Wort für Wort, es dauert ewig! Sie wird ermahnt, mehr zu üben. Vorsichtig meldest du dich. Lehrer Gremme nimmt dich auch dran; an seinem Ton merkst du aber, dass er dir nichts zutraut. Wenn der Schreinermeister schon eine Wurst abgibt, damit du mit in die Schule gehen darfst! Na, das muss ja einen Grund haben. Du fängst an zu lesen, zügig und mit Betonung, dazu machst du auch noch Handbewegungen! Deine Finger kratzen Furchen auf den Schultisch, die Fingerspitzen lassen den Regen vom Himmel fallen, deine Fäuste sausen als Dreschflegel auf den Tisch. Lehrer Gremme ist begeistert. Er stellt dich lobend als Beispiel für alle dar. Bewundernd schaut dich Fritzi an.
‚Manno', denkst du, ‚die erste Runde ist ja gut gegangen.'
Endlich ist Pause. Alle Kinder laufen auf den Hof, der bis vor wenigen Jahren noch Friedhof war. Die

Kinder erzählen dir, dass sie sogar Totenschädel gefunden haben. Aber jetzt spielen die Kinder Fangen, Bockspringen oder mit Knickern. Nur Fußball spielt keiner! Komisch!

Lehrer Gremme ist ins Lehrerwohnhaus gegangen, wahrscheinlich gibt es hier einen Kaffee. Der Unterlehrer passt auf, dass keine Streitereien entstehen. Etliche Kinder umlagern Fritzi und dich, aber bevor du Lügengeschichten aus ‚Düsseldorf' erzählen musst, fragst du lieber die Kinder aus. Wie sah es denn in der alten Schule aus? Du findest nämlich, dass die neue völlig überfüllt ist, und die Luft zum Schluss zum Zerschneiden war. Und das, obwohl gar nicht alle Kinder da sind! Aber die alte Schule war wohl noch schlimmer! Die Kinder berichten dir von Zuständen, dagegen würde heute der Kinderschutzbund vorgehen! 100 Kinder wurden auf einen Raum von 40 m² zusammengepfercht! Sie saßen da wie gepökelte Heringe, Lehrer Gremme hatte keinen Tisch und keinen Stuhl, zu den einzelnen Kindern konnte er nicht kommen. Die Luft war wie in einem Backofen, der Schweiß lief ihnen am ganzen Körper hinunter! Die Toilette war auch noch in diesem Raum, zwar abgetrennt, aber die

Düfte zogen doch in das Klassenzimmer. Du kannst dir nicht vorstellen, dass unter diesen Umständen irgendjemand etwas gelernt hat. Und dafür mussten die Eltern auch noch jede Woche bezahlen!

Du erfährst, dass das Schulgeld ein Teil des Lehrergehaltes ist, und dass der arme Lehrer es selbst eintreiben muss! Die Eltern bezahlen aber nur für den Unterricht, den ihr Kind auch wirklich erhalten hat. Jetzt verstehst du, warum die Kinder im Sommer nicht in die Schule gehen! Erstens müssen sie helfen, ihre Arbeitskraft wird gebraucht, zweitens ist es billiger, **nicht** die Schule zu besuchen. Außerdem bekommt der Lehrer noch von einigen Höfen Naturalien, das heißt, ihm steht von der Ernte Weizen, Gerste oder Hafer zu. Der arme Mensch muss auch noch sonntags arbeiten, der Lehrer ist nämlich Küster und Orgelspieler im Sonntagsgottesdienst.

Da hörst du die Schulglocke, Lehrer Gremme hält eine große Glocke in der Hand, die das Ende der Pause ankündigt. Hier geht es nicht ganz so genau, die Pause ist zu Ende, wenn Lehrer Gremme seinen Kaffee getrunken hat. Wieder stellen sich die Kinder zu zweit auf und werden ins Klassenzimmer geführt. Das geht ziemlich ruhig zu, aber du weißt auch warum, in der Ecke hast du einen Stock entdeckt. Fritzi hat dir erzählt, dass Lehrer Gremme ein guter Lehrer sei, er schlüge nur selten. Aber du denkst an die Wurst, die nötig war, um dich vorlautes Kind zu schützen. Du willst es nicht drauf ankommen lassen.

Jetzt beginnt die Rechenstunde. Lehrer Gremme schreibt eine Textaufgabe an die Tafel. Das müssen die Größeren abschreiben. Dann beginnt er, mit den Kleineren das 1 x 1 zu üben. Wieder fällt dir so ein kleiner, schmutziger, ungepflegter und unterernährter Bursche auf, der nichts kann. „Hirtenkind", murmelt Fritzi dir zu. Dafür erntet sie von Lehrer Gremme einen ärgerlichen Blick, aber Fritzi versteht es, völlig unschuldig zu gucken, so dass der Lehrer sich nicht mehr sicher ist, ob er das richtige Kind mit seinem Blick zur Raison bringen wollte. Junge, Junge, sie könnte Schauspielerin werden!

Nun geht es aber an die Textaufgabe.

3 Schwarzbrote kosten 10 Groschen und 6 Pfennige. Was kosten 9 Schwarzbrote? Reicht ein Taler? Oder muss der Bäcker etwas anschreiben? Wie viel muss der Bäcker anschreiben?

Na, das ist ja einfach, außerdem kannst du Mathe gut! Aber Fritzi ist noch schneller. Du schlinzt zu ihr rüber, sie hat ein anderes Ergebnis! Natürlich hat Lehrer Gremme gemerkt, dass du bei Fritzi geguckt hast. Er ermahnt dich, und du bist froh, dass das Wurstgeschenk wirkt. Ein Kind steht nämlich schon in der Ecke! Lehrer Gremme nimmt sich deine Tafel, wirft einen Blick auf das Ergebnis, „Falsch!", lautet das vernichtende Urteil. Also, 9 Brote kosten 30 Groschen und 18 Pfennige, das sind – so denkst du – 31 Groschen und 8 Pfennige. Das hast du in 3 Taler, 1 Groschen und 8 Pfennige verwandelt. „Weißt du nicht, dass 1 Groschen 12 Pfennige hat? Und weißt du nicht, dass 1 Taler 30 Groschen hat?"

Ach du liebe Güte, was ist das denn für ein Kuddelmuddel!

„Im Lesen bist du ja den Bochumer Kindern voraus, aber im Rechnen! Da hat dein Düsseldorfer Lehrer aber noch viel Arbeit mit dir!", verkündet Lehrer Gremme. Fritzi hat alles richtig. Jetzt schaust du sie bewundernd an. Dass sie mit diesen Geldeinheiten klarkommt! Zum Glück nimmt auch diese Stunde bald ein Ende. Zum Schluss wird noch ein frommes Lied gesungen, dann gehen alle nach Hause. Einige Kinder werden nach dem Mittagessen für den Nachmittagsunterricht wiederkommen.

Es ist sehr windig geworden, die Pappeln auf dem Marktplatz beugen ihre Wipfel, Herbstlaub fegt über den Platz, Wolkenfetzen jagen über den Himmel.

„Ob wir wohl heute Äpfel ernten können?", fragen sich die Schreinerkinder. Die Kinder aus Wiemelhausen hoffen, dass sie nach Hause kommen, ohne nass zu werden.

Doch dann kommt Fritzi auf den Schulunterricht zurück. Sie lobt noch einmal deine Lesekunst, im Gegenzug lobst du ihre Rechenfertigkeit.

„Ja", seufzt sie, „ich rechne so gerne, ich würde so gerne in der Schreinerei arbeiten und alles entwerfen und berechnen, aber ich bin ja ein

Mädchen! Ich darf nie die Gesellen- und dann die Meisterprüfung machen!"

„Lern trotzdem alles", rätst du ihr, „eine gute Meisterfrau, die Ahnung hat, ist bestimmt in einer Werkstatt Gold wert!"

Fritzi ist nur ein bisschen getröstet. Zu Hause legen alle die Schiefertafeln mitsamt Griffel, Schwämmchen und Läppchen auf die alte Truhe, die auf der Deele steht. Die Kinder ziehen ihre alten Schürzen und Jacken an. Oma hat Äpfel und Birnen geschält, sie in Spalten geschnitten, sie werden jetzt vorsichtig im Backofen, der sich ganz hinten im Garten befindet, gedörrt. Dann halten sie den ganzen Winter über, so dass die Familie dann auch noch Obst hat. Südfrüchte sind für eine Handwerkerfamilie unbezahlbar. Mutter hat in der Zwischenzeit ‚Himmel und Erde' gekocht, neue Kartoffeln gemischt mit Äpfeln. Dazu gibt es sogar ein Stück gebratene Blutwurst! Fritzi ist hocherfreut. Also bist du es auch! Die Jungen sagen in der Werkstatt Bescheid und rufen Opa, der hinten am Backofen herumwuselt.

Nach dem Tischgebet wollen alle wissen, wie es dir in der Schule gefallen hat. Du berichtest, dass der

Einsatz der Wurst sich gelohnt hat. Obwohl du die Rechenaufgabe total verhauen hast, hat dich kein Unheil in Form von Ohrenziehen, Eckestehen oder Ähnliches ereilt. Vater und Oma freuen sich, dass sie richtig gehandelt haben, aber wundern sich sehr über deinen Fehler, **10** Pfennige in einen Groschen und **10** Groschen in **1** Taler umzurechnen! Du erzählst nichts vom Euro und vom Cent, aber bist froh, dass diese Rechnerei doch viel leichter geht. Fritzi und Franzi berichten von deinem Gedichtvortrag. Nein, so 'was! In Düsseldorf haben die Menschen doch eine andere Art, meint Oma, sie wären nicht so stur und hölzern wie die Bochumer. Nach dem Dankgebet blicken alle sorgenvoll nach draußen, der Wind hat zugenommen. Erste trockene Äste poltern von den Bäumen.
Die Äpfel von den Bäumen im Garten beim Haus sollen noch geerntet werden, solange das Wetter es zulässt, die Ernte im Obstgarten beim Kartoffelacker muss verschoben werden.
Also gehen die Kinder mit den obligatorischen Körben in den Garten. Auch hier wird sofort getrennt: Fallobst und gepflückte Äpfel. Doch die

Ernte dauert nicht lange, der Kuhhirte bringt jetzt schon die Kühe zurück!

„Et giert schlecht Wier, eck spüör miene Gelenke!", gibt er den Wetterbericht an die Bochumer weiter. Alle halten sich daran, die Knochen und Gelenke vom Kuhhirten haben immer recht!

Die Gerätschaften werden ins Haus geholt, Opa kontrolliert die Blendläden. Eine Blendlade lässt sich nicht richtig verschließen, er schimpft fürchterlich: „So etwas im Haus eines Schreiners!" Aber jetzt ist es zu spät, den lockeren Haken zu reparieren. Der Sturm heult immer lauter, mit ihm heult der Hund. Fritzi holt ihn ins Haus. Wieder kracht ein Ast auf die Straße. Opa schließt jetzt die Blendläden, inzwischen treibt der Sturm auch Regen durch die Straßen. Oma holt wieder die Kerze hervor, die bei jedem drohenden Unheil angezündet wird. Aber zuerst müssen noch die Kühe versorgt werden. Du gehst mit Oma in den Stall, Während ihr die Kühe füttert, fasst sich Oma ein Herz:

„Ströppken, Fritzi traut sich nicht, dich zu fragen. Und ich tue es auch nicht gerne. Aber Fritzi würde dich so gerne einmal besuchen!"

Sie schaut dich mit ihren gütigen Augen etwas
hilflos an.
„Bessma", fängst du etwas zögernd an, „ich muss dir
etwas verraten: **Ich bin gar nicht aus Düsseldorf!
-----Ich bin aus Bochum!** Ich habe Fritzi durch
den Scherenschnitt kennengelernt, der, der in der
guten Stube hängt! Diesen Scherenschnitt hat
unsere Familie noch! Doch wir leben im
21. Jahrhundert!" Oma starrt dich erstaunt an:
„Deswegen hast du dich manchmal so anders - so
fremd – benommen! Jetzt verstehe ich es!"
„Ja, Bessma, so vieles war ganz fremd für mich!
Die Zeit ist weitergegangen, ganz viel hat sich
verändert, Bochum ist eine riesige Stadt geworden!
Es gibt viele Maschinen, und die werden nicht mit
Dampf angetrieben! Es gibt Fuhrwerke, die ohne
Pferde fahren! Mädchen können alle Berufe
erlernen! Verstehst du, warum Fritzi nicht kommen
kann? Wenn Fritzi das alles sehen und erleben
würde, könnte sie nicht mehr in ihre, in eure Welt
zurück. Deswegen kann ich sie nicht einladen!"
„Du hast recht!", sagt Oma leise und nachdenklich,
„ich kann mir vorstellen, dass sich vieles verändert

hat bis in deine Zeit. In meiner Lebenszeit ist
schon so viel passiert! Was wird dann wohl in fast
200 Jahren passiert sein!"
„Bessma, die Propstei-Kirche steht noch in Bochum,
die Pauluskirche auch. Und die Nachfahren vom
Baron leben noch in Weitmar! Und das Schloss
steht immer noch im Schlosspark!"
Oma lächelt: „Das ist schön, dass es von uns noch
etwas gibt!"
Sie streichelt dir wieder übers Haar, dann spürst
du,

wie der Zauber verfliegt.

Laut krachend schlägt die defekte Blendlade gegen
die Hauswand......

....und......rumms......, du bist mit dem Schaukelsstuhl
nach hinten gekippt. Jetzt liegst du da wie ein
Maikäfer auf dem Rücken und versuchst, wieder
hochzukommen. Du hältst das Bild mit
dem Scherenschnitt von Fritzi in deiner
Hand, die Geschenke sind verschwunden.
Endlich hast du dich aus deiner misslichen Lage
befreit, da steht die Mama mit zerwuselter Frisur
im Türrahmen; „Ist etwas passiert?", fragt sie
besorgt.
„Nein!", jammerst du, „ich bin nur vom Sturm aus
dem Schaukelstuhl gefegt worden!"
Diesmal weiß Mama sofort Bescheid:
„Warst du wieder bei Fritzi?"
Du erzählst ihr von deinen neuen Abenteuern. Sie
setzt sich zu dir und hört dir nachdenklich zu. Nach
einer Weile sagt sie ein bisschen traurig:
„Tja, viel gibt es in Bochum nicht mehr aus der Zeit,
als Bochum noch ein verträumtes
Ackerbürgerstädtchen war! Aber - **wir** haben den
Scherenschnitt! Komm, wir kaufen einem passenden
Rahmen und geben dem kleinen Bild einen
Ehrenplatz!"

Entschlossen steht sie auf. Die Kopfschmerzen scheinen zum Glück verschwunden zu sein. Trotz des Windes, der draußen durch die Straßen fegt, fahrt ihr los und kauft einen sündhaft teuren Biedermeierrahmen für Fritzis Scherenschnitt, den ein Künstler, der nur zu dem ‚fahrenden Volk' gehörte, auf dem Jahrmarkt von Bochum vor fast 200 Jahren von Fritzi angefertigt hat.

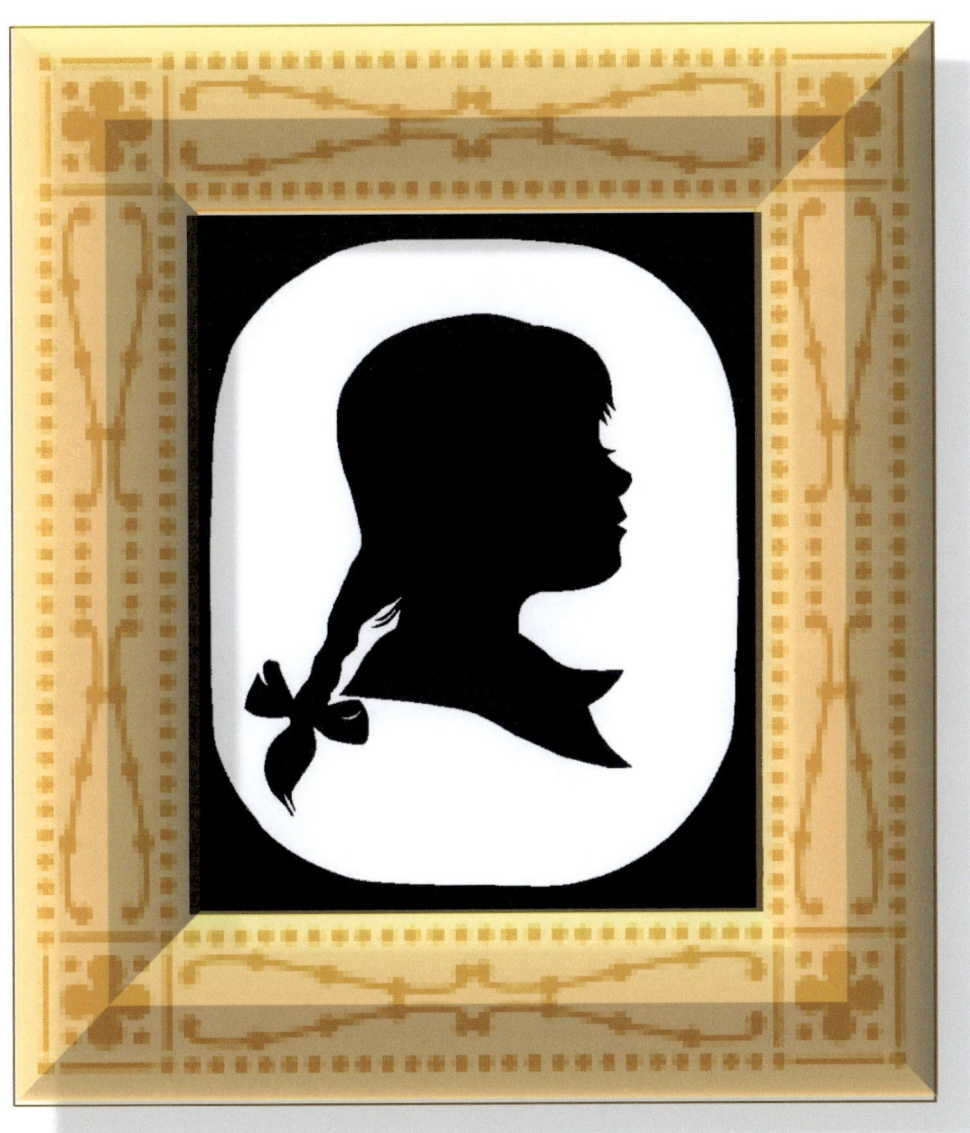

103

Um die Veränderungen zu sehen, sind die wichtigsten Straßen der heutigen Innenstadt auf den Stadtplan von Bochum im Jahr 1842 gelegt. Die Propstei-Kirche und die evangelische Pauluskirche stehen immer noch an derselben Stelle, sie bieten eine gute Orientierung. Leider ist der alte Stadtplan nicht nach Norden ausgerichtet, so dass der Stadtplan von heute für unsere Begriffe etwas verdreht ist.

Jetzt kannst du gut erkennen, wie winzig Bochum war. **Unser** Rathaus liegt außerhalb der kleinen Stadt, mitten in den Gärten und Feldern! Auch das Kaufhaus Kortum liegt in Gärten. Der Husemannplatz und der Dr.-Ruer-Platz befinden sich auf einem Acker. Das Haus, das ich für Fritzi ausgesucht habe, liegt ungefähr da, wo heute das Sportbekleidungsgeschäft Baltz ist. Das Gartengelände für die Kartoffeln ist heute mitten im Hauptbahnhof!

Aber einige Straßenführungen sind noch so wie damals. Die Schützenbahn und die Grabenstraße sind immer noch an den Stellen, an denen sie vor 200 Jahren waren, nur mit dem Unterschied, dass die Grabenstraße die Stadtgrenze war! Das

Gerberviertel war der Katenhagen, das Arme-Leute-Viertel. Die Straße hat die gleiche Form wie damals. Die Bleichstraße, an der heute das Elisabeth-Krankenhaus liegt, führte zur Bleiche, es war der kleine Weg, auf dem Hilde, Fritzi, Franzi und Mutter gelaufen sind, um die gute Wäsche zu retten.

Außer ein paar Straßennamen und Straßenführungen ist von Fritzis Welt fast nichts übriggeblieben: Nur die schon erwähnten Kirchen und ein einziges Haus: Das Brauhaus Rietkötter, Große Beckstr.7 sind noch da.

Der Krieg und die Innenstadt'sanierung' haben sonst nichts von dem Ackerbürgerstädtchen Bochum stehen gelassen.

Die Hirtenkinder

Viel ist in der Bochumer Geschichte nicht über diese armen Kinder zu erfahren. Es waren heimatlose (verwaiste?) Kinder, die für die Bauern das Vieh hüteten, sie bekamen dafür Essen und mussten für den halben Schultag in die Schule geschickt werden. Du kannst dir denken, wie oft das geschah, wenn schon die eigenen Kinder nicht regelmäßig die Schule besuchten!

Bochumer Schulen

Das, was die Kinder über die alte Schule erzählt haben, stimmte. Der Schulinspektor berichtet am 13.2.1817:

‚Durch die bauliche Veränderung waren nur 10 Quadratfuß gewonnen zur Erweiterung der Schulstube, die 200 bis 400 schulfähige Kinder fassen musste, welche täglich zur Schule kamen. Die wie eingepökelte Heringe in dem größeren Zimmer von 25 Fuß Länge und 15 Fuß Breite zusammengepferchten 106 Kinder konnten nicht mal ihre Schreibtafeln handhaben; der Lehrer, der selbst keinen Raum für Tisch und Stuhl hatte, konnte zu den einzelnen nicht kommen; die Luft war - selbst bei Öffnung der Oberfenster – wie in einem Backofen; Atemnot folterte die schweißtriefenden Kinder, welche stundenlang täglich dort aushalten mussten. Mit dem Umbau war sogar ein Abort mit seinen mephistischen Dünsten in die große Schulstube geraten. In dem Nebenzimmer, dass

15 Fuß lang und 12 ½ Fuß breit war, wurden 80 kleinere Kinder unterrichtet, welche sich kaum rühren konnten in den schmalen Bänken.' Das galt für die katholische Schule. Die beiden anderen Schulen (evangelisch-lutherisch und evangelisch-reformiert), die sich alle unter einem Dach befanden, werden ähnlich ausgesehen haben.

Verdienst des Lehrers Gremme

Lehrer Gremme gab es tatsächlich. Er wurde 1791 geboren, seine Lehrerausbildung erhielt er in Soest. Mit 20 Jahren wurde er Lehrer in Huckarde (Dortmund), 1815 trat er seine Stelle in Bochum an. Von Anfang an war er verfeindet mit dem Pastor von der Propsteikirche, der Pastor wollte ihn nicht in die Kirche lassen, obwohl Lehrer Gremme dort doch auch noch den Küsterdienst versehen musste! Oberlehrer Gremme verdiente im Jahr 250 Taler, Der Unterlehrer bekam nur 130 Taler! Zusätzlich gab es 60 Taler für Lehrmittel. Außerdem mussten die Eltern Schulgeld bezahlen, 2 Stüber (8 Pfennige) für eine Woche. 1 Taler hatte 360 Pfennige. Das bedeutete, dass er für den

Unterricht von 45 Kindern in einer Woche noch einen Taler dazu verdiente. Weil aber die Kinder nur unregelmäßig kamen, und er das Geld selbst bei den Eltern eintreiben musste, wird das wohl ein mühsames Geschäft gewesen sein. Nach ein paar Jahren fehlten ihm über 130 Taler, die er nicht bekommen hatte! Ihm standen auch noch ‚Naturalien' (Weizen, Gerste etc.) zu, aber bei der Zahlungsmoral wird es auch hier Schwierigkeiten gegeben haben, seinen Lohn zu erhalten.
Für den ungeliebten Küsterdienst in der Kirche des verfeindeten Pastors standen ihm noch weitere 60 Taler zu.

Fahrendes Volk

Mit diesem Begriff wurden Schausteller, Gaukler und Schauspieltruppen bezeichnet. Sie standen auf der gleichen Stufe wie Bettler, ihnen traute man nicht. Deswegen wurde alles weggeschlossen, wenn das ‚fahrende Volk' in der Stadt war.

Tagelöhner

Diese Leute mussten sich immer wieder neue Arbeit bei einem Bauern oder Handwerker suchen. Täglich gab es den geringen Lohn. Und wenn ein

Tagelöhner keine Arbeit fand, gab es auch keinen Lohn!

Biedermeier

Damit wird heute die Zeit zwischen 1815 und 1848 bezeichnet. Wichtig wurde ein schönes Wohnzimmer, in dem geschmackvolle Möbel standen. Es sollte gemütlich sein. Man traf sich mit Freunden, in den besseren Kreisen wurde musiziert und gelesen.

Alle nun folgenden Angaben sind im April 2022 zusammengestellt worden. Vor einem Ausflug sollten die aktuellen Daten abgefragt werden.

Wo findest du in Bochum etwas über die Biedermeierzeit?

Das 'Bochumer Zentrum für Stadtgeschichte' befindet sich an der
Wittener Str.47.
T: 0234 910 9510
stadtarchiv@bochum.de
Dort gibt es immer wieder Ausstellungen, die Teile aus dem ,Museumsschatz' zeigen. Oft ist etwas aus der Biedermeierzeit dabei. Zu sehen ist dort auch

das Stadtmodell, das die Stadt zeigt, wie Fritzi sie gekannt haben mag.

Es ist geöffnet:

Di - Fr:	10.00-18.00 Uhr
Sa, So:	11.00-17.00 Uhr
Mo :	Geschlossen

Der Eintritt ist frei,
bitte Veranstaltungskalender beachten.

Wo findest du etwas über den Unterricht im 19.Jahrhundert heraus?

Leider gibt es das Bochumer Schulmuseum nicht mehr.

In Dortmund befindet sich das ‚Westfälische Schulmuseum'

schulmuseum.dortmund.de

An der Wasserburg 1
44379 Dortmund

Wo spricht man noch plattdeutsch?

Beim Heimatverein in Bochum-Stiepel als Mitglied der Kortebusch-Gesellschaft gibt es einen Arbeitskreis, der noch die plattdeutsche Mundart pflegt.
www.hvb-stiepel.de

Wie bekommst du Informationen über Bochums Vergangenheit?

Die Stadt Bochum hat eine sehr gute Internetseite
www.bochum.de
Klicke auf das Menü, dort findest du das Stichwort ‚Rund um Bochum'.
Suche das Stichwort ‚Geschichte/Tradition'.Jetzt kannst du deine Suche noch weiter verfeinern.
Hilfsbereit sind auch die Mitarbeiter im Stadtarchiv/ **Das 'Bochumer Zentrum für Stadtgeschichte'**

Wo bekommt man alte Landkarten her?
-> Kartenvertrieb Adresse:

Technisches Rathaus (TR)   5.Etage, Zi 5.2.260
Hans-Böckler-Straße 19
(Postanschrift) 44777 Bochum
(Navigation) 44787 Bochum

Telefon:
(0234) 910-3417
Öffnungszeiten: Montag - Donnerstag:
                    08:00 bis 12:00 Uhr

<u>Wie sah eine Schreinerwerkstatt aus?</u>
Wenn du dich für Werkstätten interessierst, musst du ins Freilichtmuseum nach Hagen fahren. Dort kannst du viele voll eingerichtete Werkstätten besichtigen, in einigen wird auch immer gearbeitet.

LWL-Freilichtmuseum Hagen
Westfälisches Landesmuseum für Handwerk und Technik
Mäckingerbach
58091 Hagen

Tel.: 02331 7807-0

E-Mail: freilichtmuseum-hagen@lwl.org

1.4.-31.10. Saison
täglich ab 9 Uhr, außer montags
zusätzlich an allen Feiertagen (während der Saison)
geöffnet
Einlass bis 17 Uhr, Häuserbesichtigung
bis 17.30 Uhr, sonntags bis 18 Uhr

Wie sah es in Fritzis Wohnhaus aus?
Wenn du gerne einmal sehen möchtest, wie so ein
Ackerbürgerhaus aussah, musst du etwas weiter
fahren. Dafür fühlst du dich auf dem riesigen
Gelände in eine andere Zeit versetzt. 110 Gebäude,
zu verschiedenen Dörfern gruppiert, warten auf
deinen Besuch!

LWL-Freilichtmuseum Detmold
Westfälisches Landesmuseum für Volkskunde
Krummes Haus
32760 Detmold

Tel. 05231/706-0
E-Mail: freilichtmuseum-detmold@lwl.org
www.lwl-freilichtmuseum-detmold.de

1.4.-31.10. Saison
Di - So 9-18 Uhr, außer montags
zusätzlich an allen Feiertagen (während der Saison) geöffnet
Einlass bis 17 Uhr

Dank

Um an die Informationen zu kommen, die ich für die Geschichte brauchte, haben mir einige Menschen geholfen, denen ich hiermit danken möchte:

Zuerst sei Frau Dr. Hennig vom Stadtarchiv genannt, die mich durch die Ausstellung ‚**das fremde und das eigene**' führte und so den Anstoß zu diesem Buch gab. Außerdem suchte sie geduldig

Informationen zusammen und gab sie an mich weiter.

Herr Schneller, Leiter des Bochumer Schulmuseums, stellte mir die Schriften des Schulrats W. Rüter zur Verfügung, so dass ich auch diese Informationen verarbeiten konnte.

Mein Bruder Dolf schenkte mir den Stadtplan von Bochum 1842, in Gedanken konnte ich alle Wege von Fritzi gehen.

Herr Finke vom Stiepeler Verein für Heimatforschung übersetzte mir in rasender Geschwindigkeit alles ins Plattdeutsche.

Neben meiner Mutter war und ist meine Tante Hilde Molsich eine verlässliche Erzählerin für Tatsachen, Berichte und Geschichten vom dörflichen Leben von 1900 an. Sie berichtete mir auch von dem Knappkouken, den es immer gab, wenn Besuch hereingeschneit kam. Vor 70 Jahren, als es noch kein Rührgerät gab, muss der Kuchen steinhart gewesen sein. Meine Mutter besorgte das Rezept von einer Kusine - ,Engelns Änne' (Änne Wiegers) - aus dem Sauerland, sie kannte das Rezept noch.

Hier ist das Rezept:

Knappkouken (Dröge, bröselig, aber lecker)

150 g Zucker   Zimt und Zucker zum Streuen
  2 Eier
300 g Butter (weich)
450 g Mehl
  2 Vanillezucker
  1 Päckchen Backpulver

Zucker und Eier zu einer schaumigen Masse schlagen, dann die Butter dazufügen. Mehl, Vanillezucker und Backpulver unterrühren, die Masse auf ein mit Backpapier ausgelegtes Blech geben. Dick mit Zimt und Zucker bestreuen.
Backtemperatur: 170°C
Backzeit: 20-25 Minuten

Noch warm in 2-Finger-breite Streifen schneiden. In einer Dose aufbewahren!

Bücher

,Geschichtliches'

- Uropas Sicht der Dinge
- Ein Mops lief in die Kirche
- „O nee, nä!", sagte Anton der Maulwurf
- Lebensbilder A.Mehring
- Lebensbilder M.Mehring
- Im Dohlenbruch
- Stippvisiten bei Fritzi
- Fritzis Bochum
- Fritzis Advent

,Schulisches'

- Mathilde, die mathematisch begabte Schnecke
- Mick Maus wird i-Mäuschen
- Wolli Wollkäfer und seine Bande

,Bäriges'

- Im Bärenreich
- Wie kann sowas denn passieren?
- Bütterken! Bütterken!
- „Schmeckt nicht schlecht!, sagte Hieronymus
- Leise rieselt der Schnee…
- Frühling lässt sein blaues Band…
- Wir wollten mal auf Großfahrt geh'n…
- Jetzt fahr'n wir übern See, übern See…
- Alle, die mit uns nach Ameland fahren…
- Schön ist die Welt! Drum Bären, lasst uns reisen….
- Wir sagen euch an den lieben Advent
- Packt die Badehose ein!
- Zwei Fliegen mit einer Klappe
- Sieben auf einen Streich

Die Serie wird fortgesetzt!

‚Kreatives'

- Mick Maus baut ein Haus
- Clara juckelt durch Europa
- Fritzis Advent
- Fritzis Bochum

Erbauliches'

- Zurück in Bochum
- Die wirklich und wahrhaftige Geschichte, wie die Kirche von Eppendorf zu 4 Kanonenkugeln kam
- Bilderbuch 1 Flora und Fauna
- Bilderbuch 2 Kinder und andere nette Leute
- Bilderbuch 3 Von Uelsen bis nach Ootmarsum
- Bilderbuch 4 Von Garrey bis nach Wittenberg
- Bilderbuch 5 44 Gründe, Sylt zu malen

Alle Bücher sind im Buchhandel,
im Versandbuchhandel oder
beim Verlag www.bod.de erhältlich,
inzwischen viele auch als E-Book.

©2022 Herstellung und Verlag
BoD – Books on Demand, Norderstedt
ISBN 978 3756 2066 81